OS TRIBUNAIS DE STALIN

NICOLAS WERTH

OS TRIBUNAIS DE STALIN

PARA CONSOLIDAR O REGIME, RESTAVA
EXECUTAR ADVERSÁRIOS DO PRÓPRIO PARTIDO

TRADUÇÃO
SAULO KRIEGER

COPYRIGHT © FARO EDITORIAL, 2024
LES PROCÈS DE MOSCOU © ÉDITIONS LES BELLES LETTRES, 2023

Todos os direitos reservados.

Avis Rara é um selo da Faro Editorial.

Nenhuma parte deste livro pode ser reproduzida sob quaisquer meios existentes sem autorização por escrito do editor.

Diretor editorial **PEDRO ALMEIDA**
Coordenação editorial **CARLA SACRATO**
Assistente editorial **LETÍCIA CANEVER**
Tradução **SAULO KRIEGER**
Preparação **DANIELA TOLEDO**
Revisão **THAÍS ENTRIEL E BARBARA PARENTE**
Imagem de capa **PHOTO 12 | ALAMY STOCK PHOTO**

Dados Internacionais de Catalogação na Publicação (CIP)
Jéssica de Oliveira Molinari CRB-8/9852

Werth, Nicolas
    Os tribunais de Stalin : para consolidar o regime, restava executar adversários do próprio partido / Nicolas Werth ; tradução de Saulo Krieger. — São Paulo : Faro Editorial, 2024.
    224 p.

    Bibliografia
    ISBN 978-65-5957-570-1
    Título original: Les procès de Moscou

    1. União Soviética – Política e governo 2. União Soviética – História – Séc. XX 2. Stalin, Joseph, 1878-1953 I. Título II. Krieger, Saulo

24-1390   CDD 947

Índice para catálogo sistemático:
1. União Soviética – Política e governo

1ª edição brasileira: 2024
Direitos de edição em língua portuguesa, para o Brasil, adquiridos por FARO EDITORIAL

Avenida Andrômeda, 885 — Sala 310
Alphaville — Barueri — SP — Brasil
CEP: 06473-000
www.faroeditorial.com.br

SUMÁRIO

INTRODUÇÃO..9

O ACONTECIMENTO: TRÊS PROCESSOS EM MOSCOU..............15
    1936: O processo do "Centro Terrorista Trotskista-Zinovievista"....15
    1937: O processo do "Centro Antissoviético Trotskista"...........24
    1938: O processo do "Bloco dos direitistas e trotskistas".........33

REAÇÕES: DA CREDULIDADE À DESMISTIFICAÇÃO..................47
    1936, a URSS, a desconhecida…...............................48
    Inocentes! O "contraprocesso" dos trotskistas..................52
    A *intelligentsia* de esquerda e os processos de Moscou.........57
    Os processos de Moscou pelo prisma da imprensa francesa.......60
    O esquecimento e a desmistificação...........................72
    Silêncio sobre os processos..................................82

ENSAIO DE INTERPRETAÇÃO: O COMPLÔ NA PRÁTICA
POLÍTICA SOVIÉTICA...89
    URSS, 1936: Os grandes mitos da ideologia....................89
    URSS, 1936: Realidades econômicas, sociais e políticas.........95
    As chaves das contradições: a "ruptura" e o complô............105
    O complô materializado: O assassinato de Kirov................112

    Eliminação da "ruptura": Expurgos do Partido
    e campanhas antiburocráticas 119

    Sentido e função do primeiro processo de Moscou 133

    Sentido e função do segundo processo 144

    Sentido e função do terceiro processo 151

INTERROGAÇÕES: AS CONFISSÕES, "O ESPÍRITO PÚBLICO"
E OS PROCESSOS 157

    As confissões 157

    "O espírito público" e os processos 165

PARA CONCLUIR 171

ANEXOS 183

    I – Conclusões da Commission Dewey 183

    II 185

    III – Últimas cartas de Bukharin 187

    Carta de Bukharin a Stalin, 10 de dezembro de 1937 191

CRONOLOGIA 199
BIBLIOGRAFIA 205
NOTAS 209

INTRODUÇÃO

Mais de oitenta anos se passaram desde as sensacionais confissões dos "velhos bolcheviques", companheiros de Lênin, julgados em Moscou ao longo de três grandes processos públicos, em 1936, 1937 e 1938, por espionagem, sabotagem, traição, complô, com a intenção de derrubar o governo soviético e restaurar o capitalismo na União Soviética...

Passadas três décadas, a abertura — ainda que parcial — dos arquivos das instâncias dirigentes do partido comunista da União Soviética — do fundo de Stalin, em particular — permitiu esclarecer os mecanismos de fabricação dessas paródias judiciárias, de sua função político-ideológica, mas também possibilitou uma maneira mais adequada de situá-los no momento paroxístico de violência que foi o "*Grande Terror*".[1] Há muito centrados na "*paranoia*" e na "*sede de poder*" de Stalin, na repressão dos membros comunistas, nos grandes processos públicos, portanto na "*face pública*" do Terror, no momento, os estudos consagrados ao cataclisma dos anos 1937-1938 têm se orientado mais pelos mecanismos da repressão, pela sociologia dos grupos vitimados, pelas "*grandes operações secretas de massa*", portanto pela "*face conspiratória*" do Terror. Tal como antes, os grandes processos de Moscou aparecem pouco no centro do dispositivo. Mas nem por isso se constituem menos numa peça central, num alicerce crucial desse nó de radicalização cumulativa que foi o

"*Grande Terror*", um acontecimento fundamental da história da URSS tanto no plano interno quanto no da evolução da imagem desse país no exterior.

Com efeito, desde a sua abertura, esses processos surgem como um acontecimento formidável e espetacular, que de imediato cristaliza um conjunto de mitos e de imagens confusas que todos têm do longínquo e misterioso "país dos sovietes". Desde as revoluções de 1917, nenhum acontecimento vindo da União Soviética provocou tamanho eco no imaginário social, tampouco tenha sido tão relatado e comentado. No caso da França, até mesmo os periódicos de província dedicaram inúmeras colunas aos processos, durante todo o seu desenrolar. Para os leitores, de resto de todo ignorantes das realidades soviéticas, os "*alambiques dos envenenadores do Kremlin*" são mais apaixonantes que os assuntos mais austeros, mantidos quase que em silêncio, como o são a coletivização forçada dos campos ou a industrialização, com todas as suas consequências.

Num abismo de ignorância, o impacto e o sucesso midiático do acontecimento são imensos. Em plena Frente Popular, num mundo cada vez mais ameaçado pela ascensão dos fascismos, os processos de Moscou relançam — vinte anos após a campanha do homem com a faca entre os dentes — uma vasta polêmica que se difundiu na URSS, em meio a uma opinião pública que, mais dividida do que nunca, contrapunha adversários do bolchevismo e adversários do fascismo. Ao desencadear paixões, logo os processos se tornam pretexto para a extrapolação. O desconhecimento geral do contexto político e social soviético, o delírio antibolchevista de uns, a paralisia intelectual de outros, perturbados pelas confissões, mas que se recusam a analisar de maneira crítica e racional a natureza do poder stalinista, a adesão incondicional dos comunistas ocidentais às teses soviéticas obscurecem o discernimento e não permite identificar a verdadeira natureza desses processos. Pelo menos ao final do terceiro processo, não é mais

INTRODUÇÃO

possível tomar as confissões ao pé da letra, não compreendemos, ou não procuramos compreender, os mecanismos ideológicos, políticos e sociais subentendidos nos processos de Moscou, a revelar aí seu sentido e sua função. Esses processos não suscitarão nenhuma crise de consciência importante no movimento trabalhista internacional. E é assim que esses processos se revelam duplamente mistificadores. As confissões dos acusados desorientam uma ampla fração da opinião pública mundial, que da negação de justiça guarda a lembrança do caso Dreyfus, no qual o acusado clamava inocência. Também a montagem dessas paródias judiciárias, ademais bastante medíocre, segue mais ou menos bem. É verdade que a partir de 1937-1938 a culpa dos acusados é seriamente posta em dúvida no exterior — na URSS, o fantasma do complô é amplamente compartilhado pelas massas —, mas a incerteza subsiste até as *"revelações"* de Kruschev no XX Congresso, e mais tarde no XXII Congresso do PCUS,* os quais definitivamente derribam o edifício já bastante abalado dos processos.

Ocorre que a mistificação mais eficaz e mais durável, na verdade, incide menos na própria culpa dos acusados e mais no sentido e função desse acontecimento. Evento-espetáculo, os processos de Moscou têm sido formidáveis também como evento-destaque, no que chamou a atenção de observadores estrangeiros, convidados ao espetáculo, tendo-se deles ocultado tudo o que se passava por detrás e à margem. Os grandes processos públicos dos companheiros de Lênin mascararam totalmente a extensão da repressão que atingiu a massa de anônimos. E, desse ponto de vista, o célebre *"discurso secreto"* de Kruschev, do qual a gênese hoje é mais bem conhecida, de modo algum contribuiu para tornar célebre a *"face secreta"* do Terror.[2] *"Conclusão avassaladora de um expurgo"*, como escreveu Annie Kriegel, os processos de Moscou — porque eram a face mais ostensivamente visível da

---

* Por "PCUS" entende-se "Partido Comunista da União Soviética". (N. do T.)

repressão — deixaram a impressão de que o Grande Terror seria, de início e antes de tudo, um imenso expurgo político, mais sangrento que os outros, que teria atingido, em primeiro lugar, os gestores do partido, da economia, do exército e parte da *intelligentsia* e das elites nacionais não russas. Ora, o Grande Terror foi, em essência, e isso para 90% das vítimas, uma vasta operação de engenharia social com o intuito de erradicar, por meio de operações ultrassecretas, decididas e planificadas no mais elevado nível — por Stalin, Nikolai Yezhov e seus colaboradores mais próximos no Politburo* —, tendo como base cotas de execução e de internação em campos de trabalhos forçados, todos os elementos "*socialmente nocivos*" e etnicamente "*duvidosos*" que, aos olhos dos dirigentes stalinistas, aparecem tal e qual elementos de uma potencial "*quinta coluna*" na eventualidade de uma guerra, então provável em 1937-1938. Essas vítimas — 1,5 milhão de pessoas detidas em 1937-1938, entre as quais mais da metade foi executada — pertencem a um conjunto heterogêneo a reagrupar o conjunto das "*pessoas do passado*", dos "*ex*" — "*ex-kulaks*", "*ex-funcionários tsaristas*", "*ex-proprietários*", "*ex-comerciantes*", "*ex-socialistas-revolucionários*" etc. —, assim como um número importante de cidadãos soviéticos "*comuns*" que têm — ou tiveram — vínculos, profissionais ou de parentesco, com países considerados hostis (Polônia, Alemanha, Japão, Finlândia, países bálticos). Sob a sua face secreta, o Grande Terror foi, numa ampla medida, o ponto culminante, radical e letal de uma gestão policialesca do social, de toda uma série de medidas de engenharia social inaugurada com a deskulakisação (deportação, com base em cotas, de mais de dois milhões de camponeses em 1930-1933) e prolongada, em 1933-1935,

---

* "Politburo", termo originado da contração de Politicheske Byuro, denominação em russo transliterado para Gabinete Político do Comitê Central do Partido Comunista da União Soviética (Политическое бюро Центрального комитета Коммунистической партии Советского Союза), refere-se ao supremo órgão executivo do Estado e formulador das políticas de Estado, identificado ao Partido Comunista na URSS (e em outros países comunistas, como na China ainda hoje em dia). (N. do T.)

com uma política de apreensões-expulsões-deportações de elementos *"socialmente nocivos"*, no contexto de uma política de *"passaportização"* e de *"limpeza"* de vilarejos. A descoberta dessa *"face secreta"* do Grande Terror — em relação à qual nenhuma documentação arquivística, que permitisse analisar os mecanismos de tomada de decisão, a implementação, as categorias e o número de vítimas, fez-se acessível até os últimos anos — certamente insere os processos de Moscou numa outra perspectiva, que, sem dúvida, não está tão no centro do dispositivo, posição que durante muito tempo eles ocuparam na memória do acontecimento, seja ela popular ou erudita.

Estando mais bem restituídos ao seu contexto, os grandes processos públicos de Moscou convidam o historiador, seguindo o caminho da desmitificação, a interrogar-se sobre as reações suscitadas pelo evento, bem como a analisar o sentido e as funções desses processos na ideologia e na prática política soviéticas dos anos 1930.

Hoje sabemos de fato que os processos de Moscou — ao contrário da visão que deles tiveram os seus contemporâneos — foram algo diferente e muito mais que o último ato da luta política que, por mais de dez anos, opôs Stalin a seus maiores rivais. Elementos em meio a outros, tais como os expurgos do Partido, de uma prática política específica, os grandes processos públicos inicialmente ilustram, da maneira mais solene que se possa ter, um tema central da ideologia stalinista que é a figura do complô, resultado de uma formidável ilusão política marcada pela recusa em analisar as causas reais dos fracassos e das dificuldades de um sistema que afirma ter alcançado a meta que havia fixado: o socialismo.

Esses processos inscrevem-se também num contexto de conflitos sociais e políticos que, negados pela ideologia, tiveram como principais protagonistas a massa dos simples trabalhadores, os quadros econômicos e políticos, os aparelhos locais, as autoridades centrais. Essas tensões e esses conflitos (centro-periferia, militantes partidários de base, simples trabalhadores administrativos da economia, jovens promovidos no contexto do Primeiro Plano Quinquenal, responsáveis pelo período da guerra civil) durante muito tempo foram submetidos ao silêncio, em benefício de uma interpretação simplista da situação, que se resumia a um confronto entre a *"burocracia stalinista termidoriana"* e a velha guarda bolchevista, que se manteve fiel a seus compromissos revolucionários.

Uma análise precisa do quadro ideológico e do contexto sociopolítico em que se integram esses processos permite deles compreender as múltiplas funções. O seu papel didático é crucial. Em relação às massas, os processos deram ensejo a uma extraordinária mobilização ideológica que, popular e populista, serviu às autoridades centrais em sua luta contra todos os supostos responsáveis pela aplicação mal-intencionada da linha do Partido, da "ruptura" entre a linha justa e sua realização. Cada processo responde assim, em dado momento, a uma estratégia política precisa. Como o descreve o *Pravda*, o processo político é um *"sinal"*. Ali nada é deixado ao acaso. A seleção dos acusados, os temas da acusação, o próprio teor das confissões, cuidadosamente *"compostas"* pelos instrutores encarregados da preparação do processo, são altamente significativos: todos esses elementos devem permitir esclarecer, num momento de extrema confusão, a categoria particular dos *"inimigos"* de plantão. As lições de cada processo são por vezes esotéricas. Ocorre que elas se fazem controversas pelos próprios indivíduos que encenam tais paródias de justiça. Mas todas possuem um sentido mais ou menos explícito, que cabe ao historiador decifrar.

O ACONTECIMENTO:
TRÊS PROCESSOS EM MOSCOU

1936: O PROCESSO DO "CENTRO TERRORISTA TROTSKISTA-ZINOVIEVISTA"

Dia 14 de agosto de 1936: um comunicado da agência Tass anuncia a iminente realização de um grande processo público, ao longo do qual comparecerão dezesseis pessoas, incluindo muitos antigos e renomados dirigentes do Partido Bolchevique. Entre outros graves crimes, elas são acusadas de terrorismo. Comparecerão diante do Colégio Militar do Tribunal Supremo em 19 de agosto.

Dia 19 de agosto de 1936, 12 horas e 10 minutos. No salão chamado *"de Outubro"* da Casa dos Sindicatos em Moscou, diante de um público de quase duzentas pessoas, entre as quais trinta eram jornalistas e diplomatas estrangeiros, abre-se o processo do *"Centro Terrorista Trotskista-Zinovievista"*.

No banco dos acusados, veteranos da *"velha guarda bolchevique"*. O protagonista do processo é, sem a menor dúvida, Grigori E. Zinoviev, bolchevique de primeira classe, braço direito de Lênin, com quem partilhou as responsabilidades do Partido na emigração. Membro do Comitê Central e, mais tarde, desde a sua criação, do Gabinete Político, presidente do Soviete de Petrogrado após a Revolução de Outubro, foi um dos fundadores da Internacional Comunista e seu presidente por anos. Seu amigo, Lev B. Kamenev, é da mesma geração. Membro do Partido desde 1901, Kamenev colaborou com Lênin durante a emigração e dirigiu o *Pravda* em 1913-1914. Preso e deportado, libertado pela Revolução, também foi membro do Comitê Central e do Gabinete Político, presidente do Soviete de Moscou durante a guerra civil. Em meados dos anos 1920, para a opinião pública, esses dois homens vinham logo em seguida a Lênin e Trótski na hierarquia dos dirigentes.

Grigori E. Evdokimov, bolchevique desde 1903, foi comissário do Exército, dirigente dos sindicatos de Petrogrado, membro da Comissão Central do Partido. Ivan Smirnov, bolchevique desde 1900, membro do Comitê Central nos tempos de Lênin, comissário político do v Exército durante a guerra civil, em 1922 não conseguiu se tornar secretário do Comitê Central, apenas no último momento — Lênin considerou-o indispensável na Sibéria — que se deu preferência a Stalin. Ivan Bakaiev, bolchevique desde 1906, foi comissário político do *front* de Petrogrado e fez parte da Comissão Central de Controle.

Junto dessas figuras de grande relevância comparecem os "velhos bolcheviques" menos conhecidos, como Serguei V. Mrachkovski, chefe dos partidários durante a guerra civil, depois comandante da Região Militar do Volga, Vagarshak A. Ter-Vaganian, fundador da revista *Sob a bandeira do marxismo*, Ephim A. Dreitzer, um dos comandantes do Exército Vermelho à frente de Koltchak, Isak I. Reingold, comissário adjunto do povo para as Finanças desde os anos 1920, Richard V. Pikel, chefe de gabinete de Zinoviev, Edouard S. Goltzman, economista.

Enfim, um terceiro grupo de réus constitui-se de desconhecidos — na verdade, de agentes provocadores do NVKD,* ligados aos meios

---

* Aqui, referência é feita ao Comissariado do Povo para Assuntos Internos (em russo, НКВД, Народный комиссариат внутренних дел, transliterado para Narodniy Komissariat Vnutrennikh Diel), que foi o Ministério do Interior da URSS, criado em 1934 por Stalin. Além de exercer as funções policiais e de segurança, também controlava o serviço secreto e a economia. (N. do T.)

comunistas alemães: Fritz-David, Konon Berman-Yurine trabalharam no Comintern* e no KPD† como representantes do Departamento do Exterior. Moïse I. Lourié, Nathan Lourié e Valentine P. Olberg foram membros do KPD.

Os dezesseis acusados foram reunidos segundo o velho princípio do amálgama: o amálgama de velhos militantes do Partido e de agentes provocadores, amálgama de opositores de diferentes tendências: os zinovievistas (Kamenev, Evdokimov, Bakaiev, Reingold, Pikel) convivem com ex-trotskistas (Smirnov, Mrachkovski, Ter-Vaganian, Dreitzer), que aliás estavam publicamente rompidos com Trótski desde 1928-1929.

De fato, em 1936 esses veteranos do movimento revolucionário, esses "velhos bolcheviques" de passado glorioso são homens alquebrados, politicamente vencidos. Nenhum deles saiu incólume da terrível batalha política em que ficaram desgastados desde 1917. *"Hoje, nenhum deles se parece com a imagem de bonzinho que haviam encarnado aos olhos dos militantes no dia seguinte à Revolução."*[1] A imagem prestigiosa dos "tenentes de Lênin", Zinoviev e Kamenev, havia muito já se esfacelara. Porque tinham se oposto a Lênin às vésperas da insurreição de Outubro, foram marcados por seus adversários políticos, Stalin em particular, com a insígnia infamante de *"antileninismo"*. Desde o fracasso do movimento de oposição a Stalin, liderado por eles em 1925-1926, e depois com Trótski, em 1927, foram de uma renegação a outra. Expulsos do Partido pouco antes do XV Congresso, reconheceram seus erros, confessaram a culpa, proclamaram em alto e bom

---

* Comintern é o acrônimo para a Internacional Comunista, proveniente da denominação em inglês Communism International, sendo também usada a grafia Komintern (do alemão Kommunistische Internationale), também conhecida como Terceira Internacional (1919-1943), organização internacional fundada por Lênin e pelo Partido Comunista da União Soviética (PCUS), em 1919, com o intuito de agrupar os partidos comunistas de diversos países. (N. do T.)
† Trata-se do Partido Comunista Alemão, no texto referido pela sigla de Kommunistische Partei Deutschlands (KPD). (N. do T.)

som o caráter correto da *"linha geral"* inspirada por Stalin. Na esperança de serem reintegrados ao Partido, romperam publicamente com Trótski, de quem denunciaram *"a atividade secessionista"*. Trótski, por sua vez, desde a sua expulsão da União Soviética, a todo tempo escarnecia dos "capituladores". Quanto a Evdokimov, Bakaiev, Smirnov, Mrachkovski, Dreitzer, também eles "capitularam" em 1928-1929. Em troca de sua "capitulação", a maior parte deles foi reintegrada ao Partido, em cargos técnicos mais ou menos elevados. Mas não demorou muito até que fossem de novo condenados ao exílio ou à prisão por terem mantido contatos, episódicos, com oponentes de Stalin. Smirnov foi preso em janeiro de 1933, Mrachkovski, em maio de 1933. Zinoviev e Kamenev, exilados em 1932-1933, em 1934, reapareceram na tribuna do XVII Congresso, para ali realizar um panegírico a Stalin. Mas, na sequência do assassinato de Serguei M. Kirov, com Bakaiev, Evdokimov e quinze responsáveis pela organização do Partido de Leningrado, eles foram acusados de *"cumplicidade moral"* no assassinato, foram julgados a portas fechadas e condenados a pesadas penas de encarceramento.[2]

Os velhos militantes bolcheviques que compareceram ao banco dos réus já não eram — havia muito tempo — adversários perigosos de Stalin. Conforme Trótski veio a escrever sem rodeios, não passavam de *"almas mortas"*.[3]

Os réus são acusados de ter constituído um *"Centro Terrorista Trotskista-Zinovievista"*, com o intuito de *"tomar o poder a qualquer custo"*. "*A organização de atos terroristas contra os líderes mais eminentes do Partido e do governo*, afirma o ato de acusação, *foi escolhida como o único meio decisivo para atingir esse objetivo.*" Um desses grupos já havia perpetrado *"o pérfido assassinato do camarada Kirov"*. Outros grupos *"de agentes experimentados"* deveriam suprimir Stalin, Vorochilov e outros dirigentes do Partido. Todos os réus, especifica o ato de acusação, confessaram-se culpados pelos fatos que lhes foram imputados.

Durante os três dias de audiência, os acusados, guiados pelo procurador-geral, Vychinski, confirmaram suas confissões — a única base da acusação — acrescentando, por vezes de modo condescendente, complementos e precisões. Os correspondentes estrangeiros convidados para o espetáculo assistiam, surpreendidos, àquela abundância de confissões, a um estranho diálogo, na maioria das vezes de perfeita civilidade, entre o procurador e os acusados, no qual se sucediam perguntas e respostas que se encaixavam perfeitamente e vinham a formar uma estrutura coerente — coerente até demais para ser verossímil. Alguns raros percalços (um acusado que contesta um depoimento, que questiona um fato menos importante ou que se cala obstinadamente) não chegavam a interromper a sequência perfeita dos interrogatórios.

Ao longo dos interrogatórios, os acusados narravam demoradamente, com riqueza de detalhes, a história da formação, da organização e das atividades criminosas do *"Centro"*.

A história se inicia em maio de 1931, quando Smirnov, de passagem por Berlim, encontra "por sorte" Léon Sedov, filho de Trótski. Ele lhe expõe as ideias de seu pai sobre a necessidade de passar à organização de um *"centro terrorista"*, a última chance que os oponentes teriam para eliminar Stalin e tomar o poder. Ao retornar a Moscou, Smirnov entra em contato com a organização trotskista da capital — composta notadamente por Ter-Vaganian, Mrachkovski, Safonova, Dreitzer e Schmidt — e transmite a seus membros as instruções de Trótski. Alguns meses depois, Dreitzer, realizando missão em Berlim, estabelece novo contato com Sedov. Em novembro de 1932, Goltzman se encontra com Trótski em pessoa no Hotel Bristol de Copenhague. *"Trótski me disse"*, explicou Goltzman, *"que, uma vez livres de Stalin, os trotskistas poderiam conquistar o poder e ascender à direção do Partido. Quanto a isso, acrescentou que a única maneira de se livrar de Stalin seria o terrorismo."* De sua parte, também os partidários de Zinoviev haviam começado a se organizar. Zinoviev teve uma série de conversas com os trotskistas em 1931-1932; da mesma forma, deu início a discussões com os dirigentes da ex-facção direitista, Nikolai I. Bukharin e Tomsky. Essas discussões não chegaram a lugar nenhum, apesar das numerosas convergências de pontos de vista, já que Bukharin preferia *"seguir uma tática um pouco diferente: penetrar o mais fundo possível no Partido e conquistar a confiança da direção".*

O *"Centro"* foi definitivamente constituído no outono de 1932, durante uma reunião realizada na *dacha** de Zinoviev e Kamenev. Mal havia se formado, o *"Centro"* teve que decidir suspender "momentaneamente" suas atividades na sequência do afastamento de Zinoviev e Kamenev. Em 1933, entretanto, muitos grupos terroristas se organizaram. Em Moscou, Dreitzer, com Reingold e Pikel, criou dois grupos. Um deles ficou encarregado de assassinar Vorochilov, e o outro, de eliminar Stalin. Sob a "direção técnica" do arquiteto nazista F. Weiz, enviado à URSS por Himmler, Nathan Lourié detectou o itinerário habitualmente seguido por Vorochilov na rua Frounzé. Mas os terroristas então se deram conta de que o carro de Vorochilov andava rápido demais para seu talento de atiradores. Além disso, foram obrigados a renunciar ao projeto. Nathan Lourié foi então enviado a Cheliabinsk para organizar um atentado contra Kaganovich e Ordjonikidze, que deveriam visitar algumas fábricas na região.

Berman-Yurine e Fritz-David lideram o segundo grupo de terroristas. Tendo chegado a Moscou em março de 1933, trazendo as últimas diretivas de Trótski — *"realizar um ato terrorista durante uma sessão plenária do Comitê Executivo ou de um congresso do Comintern, a fim de que o disparo contra Stalin ressoe em meio a uma assembleia importante"* —, elaboraram um plano para assassinar Stalin na décima terceira

---

* "Dacha", ou "datcha", é um termo russo que designa casa de campo, de veraneio ou fora da cidade. (N. do T.)

assembleia do Comintern. Mas esse plano fracassou porque, segundo Berman-Yurine, Fritz-David não conseguiu obter um cartão de acesso para si, ou porque, segundo Fritz-David, Stalin simplesmente não estava presente na reunião. O atentado foi então transferido para o VII Congresso do Comintern, em setembro de 1934. Nessa ocasião, o plano fracassou mais uma vez porque, dessa feita, no camarote em que Fritz-David se encontrava havia gente demais para que ele pudesse atirar em Stalin. Nesse ínterim, outro atentado era preparado contra Kirov. No verão de 1934, realizou-se uma reunião no apartamento de Kamenev, e nela foram feitos os últimos preparativos para o assassinato. Kamenev enviou Bakaiev a Leningrado "*a fim de verificar a situação na cidade*". Leonid Nikolaiev,* convocado, passou para todo o grupo "*a impressão de ser um terrorista convicto e decidido*", capaz de uma jogada bem-sucedida. Em seu retorno a Moscou, Bakaiev enviou a Zinoviev e Kamenev uma relação dos preparativos para o atentado: "*Estava tudo em ordem*". Trótski ficava impaciente. Em outubro de 1934, fez chegar a Dreitzer uma carta simpática, escrita à mão, na qual pressionava os membros do "*Centro*" para que passassem imediatamente à ação. Em 01 de dezembro, Kirov era assassinado. Seis meses depois, Olberg chegava à URSS, munido de um passaporte da República de Honduras (obtido graças à ajuda da polícia secreta nazista). Em razão dessas cumplicidades, ele conseguiu um cargo no Instituto Pedagógico de Gorki; então elaborou o plano de atentado contra Stalin, programado para 10 de maio de 1936. No mesmo dia, Nathan Lourié deveria atirar em Zhdanov durante um desfile em Leningrado. Esses dois projetos criminosos fracassaram. A coluna de integrantes em que Lourié se infiltrara passou longe demais da tribuna oficial; quanto a Olberg, foi preso antes de pôr seu plano em execução.

---

* L. Nikolaiev, antigo membro do Partido, em 01 de dezembro de 1934 assassinou S.M. Kirov, membro do Politburo e primeiro-secretário da região de Leningrado. Sobre esse processo, ver adiante, p. 104 e as seguintes.

Os interrogatórios dos acusados terminaram na noite do terceiro dia de audiência, em 21 de agosto. Ao final da sessão, Vychinski deu uma declaração que fez antever novas culpabilizações e novos processos. "*Nas sessões precedentes, os acusados Kamenev, Zinoviev e Reingold mencionaram Tomsky, Bukharin, Rykov, Radek, Piatakov, Serebryakov e Sokolnikov como estando mais ou menos envolvidos nas atividades criminosas contrarrevolucionárias, pelas quais são julgados os indivíduos implicados no presente processo. Considero necessário informar à Corte que ontem dei ordem para que se realize uma investigação sobre os depoimentos dos acusados no que diz respeito a Tomsky, Rykov, Bukharin, Uglanov, Radek e Piatakov, e para que, de posse dos resultados dessa investigação, o gabinete do procurador-geral instaure o procedimento legal que se impõe. Quanto a Serebryakov e Sokolnikov, as autoridades competentes já estão de posse de um conjunto de documentos que comprova serem eles culpados de delitos contrarrevolucionários...*"

Os dois últimos dias do processo foram ocupados pelo requisitório de Vychinski e pelas últimas declarações dos acusados, que, tendo recusado os serviços dos advogados, assumiam sua própria "defesa".

Vychinski iniciou ao expor as "bases teóricas" do processo: "*Há três anos, o camarada Stalin previu a inevitável resistência dos elementos hostis à causa do socialismo. Ele previu também a possibilidade de um despertar de grupos trotskistas que ficaram loucos e embriagados de raiva com o triunfo da política do Comitê Central do PCUS. Esse processo demonstrou de forma plena a grande sabedoria de suas previsões*". Após um violento ataque a Trótski, Vychinski procedeu ao histórico das múltiplas renegações, abjurações e promessas não cumpridas de Zinoviev, Kamenev e dos principais acusados. Ele condenou severamente esses "*cães raivosos do capitalismo, que tentaram arrancar, um após o outro, os melhores elementos de nossa terra soviética*", "*... os vis aventureiros que tentaram pisotear com seus pés sujos as mais perfumadas flores de nosso jardim socialista... Esses mentirosos e histriônicos, esses pigmeus miseráveis, esses *vira-latas e cachorros a se lançar sobre o elefante...".* Terminou sua acusação afirmando: *"Um fim triste e infame espera por essas pessoas que outrora estiveram em nossas fileiras, mas que jamais se distinguiram, nem por firmeza, nem por devoção à causa do socialismo. Diante de nós temos criminosos perigosos, inveterados, cruéis, impiedosos para com nosso povo, com nossos ideais, nossos dirigentes, com os trabalhadores do mundo inteiro. Não se pode poupar o pérfido inimigo. O povo inteiro se ergue, se comove, faz-se indignado. Eu, na condição de representante da acusação do Estado, venho juntar a minha voz a esse rugido de milhões de vozes, à indignação dos homens soviéticos e à dos trabalhadores do mundo inteiro, minha voz indignada de acusador de Estado. Exijo que esses cães raivosos sejam fuzilados, todos, sem exceção!".*

Após a acusação de Vychinski, os réus, cada qual a seu tempo, tomaram a palavra pela última vez. Todos se subjugavam, tratando-se como *"monstro humano"*, *"assassino fascista"*, *"traidor"*, *"lixo contrarrevolucionário"*, indigno de piedade, a merecer tão somente a morte. Kamenev terminou sua intervenção com uma mensagem endereçada a seus dois filhos: *"Qualquer que seja o veredicto, de antemão o considero justo. Não olhem para trás. Continuem o seu caminho. Junto com o povo soviético, sigam Stalin!".* Zinoviev "explicou" longamente o seu progressivo deslocamento do bolchevismo para o fascismo e concluiu: *"Meu deficiente bolchevismo transformou-se em antibolchevismo e, com a intermediação do trotskismo, cheguei ao fascismo. O trotskismo é uma forma de fascismo, e o zinovievismo é também uma forma de trotskismo".*[4]

Em 23 de agosto, às 23 horas, a Corte se retirou. Às 2 horas e 30 minutos da madrugada, o presidente leu o veredito: os acusados foram declarados culpados sob todos os aspectos. Foram todos, sem exceção, condenados à morte. Foram executados nas 24 horas subsequentes, antes mesmo que expirasse o prazo que por lei lhes fora concedido para recorrer.

1937: O PROCESSO DO "CENTRO ANTISSOVIÉTICO TROTSKISTA"

Mal transcorridos cinco meses do primeiro processo, em 23 de janeiro de 1937 tinha início, no mesmo salão "*de Outubro*" da Casa dos Sindicatos, o segundo processo de Moscou.

Dentre os dezessete acusados estavam quatro das sete personalidades questionadas na declaração de Vychinski de 21 de agosto de 1936: Piatakov, Radek, Serebryakov e Sokolnikov.

Yuri L. Piatakov aparece como o acusado principal desse segundo processo. Bolchevique há vinte anos, destacou-se por seus escritos teóricos sobre a emigração. Durante o período revolucionário, revelou-se homem de ação: presidente do Conselho dos Comissários do Povo na Ucrânia em 1917, organiza a luta contra os brancos,* comanda a expedição à Crimeia em 1918. Após a consolidação do novo regime, tornou-se um dos principais dirigentes da economia soviética: em 1922, foi nomeado vice-presidente do Conselho Supremo da Economia Nacional. É um dos seis bolcheviques citados por Lênin em seu *Testamento* — o único, junto com Bukharin, da nova geração. Em 1923, segue Trótski na oposição, mas alia-se a Stalin em 1928. A partir do início dos anos 1930, ao ocupar o posto de vice-comissário do povo para a Indústria Pesada, foi um dos principais responsáveis pela industrialização do país, um tecnocrata eficaz e devotado às grandes orientações stalinistas. Karl B. Radek, em seus 52 anos, é um veterano do movimento socialista europeu, patriota polonês, organizador da extrema esquerda alemã durante a Primeira Guerra Mundial, a partir de abril de 1917, torna-se responsável pelas ligações internacionais dos bolcheviques. Em 1919, é enviado por Lênin à Alemanha, a fim de

---

* Durante a Guerra Civil Russa (1918-1920), os brancos constituíam um grupo formado sobretudo por monarquistas desejosos de uma restauração da monarquia tsarista, que existiu na Rússia até 1917. (N. do T.)

participar da fundação do KPD. Em 1924, une-se a Trótski na oposição, mas, a exemplo de numerosos opositores, "capitula" em 1929 e se alia a Stalin. Nos anos 1930, ocupa ainda postos importantes, sobretudo na redação do *Izvestia*.*

Grigori Sokolnikov é um autêntico "velho bolchevique". Companheiro de Lênin na Suíça, com ele regressou à Rússia em abril de 1917 e em seguida passou a dirigir o *Pravda* com Stalin. Comissário político em diversos *fronts* da guerra civil, foi comissário do povo para as Finanças em 1918 e de 1922 a 1926, data em que, por ter defendido a Nova Oposição, foi demitido de suas funções. Ao se aliar a Stalin, em 1932 foi nomeado comissário-adjunto para Relações Exteriores.

Leonid Serebryakov, bolchevique desde 1904, em 1912, enviado por Lênin, realizou a excursão dos grupos bolcheviques clandestinos, com o intuito de organizar a Conferência de Praga, e desta resultou o Partido Bolchevique organizado, que triunfaria em 1917. Em 1921, é um dos secretários do Comitê Central. Ao longo dos anos 1920, ocupa cargos importantes na área econômica; assim como a maioria dos acusados nesse segundo processo, nos anos 1923-1927 toma parte na oposição trotskista.

Os demais acusados — à exceção de dois indivíduos de passado duvidoso, Arnold† e Hrasche‡ — são todos personalidades do alto escalão, que ocupavam altos postos na administração dos transportes,

---

* Fundado em março de 1917, em São Petersburgo, e existente até hoje, o Izvestia foi o Diário Oficial da União Soviética desde o ano de sua fundação até o colapso da URSS, em 1991. O termo "izvestia" (Известия) em russo significa "entregar mensagens". (N. do T.)

† Arnold, que foi sucessivamente vagabundo, desertor do exército russo e então americano, retornou à URSS em 1923. Foi afiliado ao Partido Bolchevique, ao mesmo tempo em que se declarava franco-maçom e protestante! Em data desconhecida, foi detido pela polícia política como agente provocador.

‡ Hrasche, indivíduo de identidade mal definida, entre austríaco ou tcheco. Assim como Arnold, foi detido pela GPU [da sigla transliterada de ГПУ, do alfabeto cirílico, usada para designar o Diretório Político do Estado, que era a polícia de Estado da URSS] por atuar como agente provocador.

das indústrias carbonífera e química.* Muitos entre eles são "velhos bolcheviques" bastante célebres.†

Todos os réus foram acusados de ter formado um "*Centro Antissoviético Trotskista*" dito "*de reserva*", organizado mediante as indicações diretas de Trótski, "*para o caso de que as atividades do Centro Terrorista Trotskista-Zinovievista fossem descobertas pelos órgãos do poder soviético*". No processo de agosto de 1936, os responsáveis pelas acusações referiam-se predominantemente aos "*atos de terrorismo*". Vychinski assinalava que os acusados pretendiam tão somente conquistar o poder, objetivo que, em si, nada tinha de impopular, e cuja exploração política era das mais limitadas.‡ No ato de acusação do segundo processo, os réus viam-se recriminados por haver tentado derrubar o governo soviético, mediante uso de violência e com a ajuda de Estados estrangeiros, com o objetivo de restabelecer as relações capitalistas na URSS. Para atingir esse objetivo, o "*Centro*" estabeleceu contatos com os serviços de espionagem alemães e japoneses: Trótski se envolvera em conversas com Rudolf Hess. Ao colocar a sua máxima esperança de chegar ao poder na derrota da União Soviética em uma guerra vindoura com os Estados imperialistas, Trótski e os membros do "*Centro*" esforçaram-se em apressar a agressão militar desses Estados à URSS. Com esse objetivo, tinham feito importantes concessões aos agentes desses países, tanto econômicas (dissolução das formas socialistas de propriedade, injeção abundante de capitais estrangeiros, cessão de numerosas empresas

---

* I. Livchitz, comissário do povo adjunto dos Transportes.
I. Kniazev, alto funcionário do Comissariado para os Transportes.
Y. Turok, administrador em chefe das Estradas de Ferro da região de Perm.
S. Rataichak, diretor da Administração Central da Indústria Química.
B. Norkine, chefe de construção do polo químico de Kemerovo.
A. Chestov, administrador das minas de carvão da região de Kuzbass.
M. Stroilov, engenheiro em chefe das minas de carvão da região de Kuzbass.
P. Puchine, diretor do polo de fertilizantes nitrogenados de Gorlovka.
† Em particular, Muralov, Boguslavsky e Drobnis.
‡ Ver, mais adiante, p. 123 e as seguintes.

soviéticas) quanto territoriais. A fim de enfraquecer o poderio econômico e militar do país, o "*Centro*" tinha organizado grupos de "*diversionismo e sabotagem*". "*Ao perpetrar atos de sabotagem, provocando descarrilamentos, explosões e incêndios de minas e empresas, os acusados [...] não desprezavam nem mesmo os mais ignóbeis meios de luta, decidindo-se de forma consciente e refletida por crimes monstruosos como a intoxicação e a morte de operários...*" Os membros do "*Centro*", enfim, tinham planejado uma série de atentados terroristas contra os dirigentes do Partido. "*Assim, em 1934, os terroristas trotskistas atentaram [...] contra a vida do camarada V.M. Molotov, planejando um acidente automobilístico...*".[5]

Assim como durante o primeiro processo, o ato acusatório baseava-se exclusivamente nas "*confissões integrais*" dos acusados. Esse segundo processo, aliás, se desenrolaria sob as mesmas condições que o primeiro. Apenas os interrogatórios serão mais longos. Durante os sete dias da duração do processo, os indiciados, cada um a sua vez, contarão a impressionante história de como se constituiu o "*Centro de Reserva*" e vão expor em detalhes a extensa lista de seus malfeitos.

É Piatakov, o primeiro dos acusados a ser interrogado, que vai dar os detalhes essenciais da ligação dos conspiradores com Trótski, e deste com os dirigentes nazistas. Piatakov relatou como ele tinha se encontrado com Sedov em Berlim, no verão de 1931, como Sedov o havia convencido a criar um centro terrorista de reserva. Explicou em quais circunstâncias, em 11 de dezembro de 1935, ele fora de avião a Oslo, para ali encontrar Trótski. Esse encontro constituía o cerne do complô. Trótski explicara a Piatakov que, sendo impossível edificar o socialismo num único país, que havia sido o que Stalin pretendera na URSS, o colapso do Estado stalinista era inevitável. As "*forças reais na situação internacional são, em primeiro lugar, os Estados fascistas*", Trótski afirmou ter se entendido com os governos alemão e japonês sobre algumas questões. "*Primeira questão: os fascistas alemães prometem ao 'Centro' uma atitude favorável e apoio em caso de ascensão do 'Centro' ao poder... Em troca, os fascistas receberão a seguinte compensação: uma atitude geral favorável aos interesses alemães em todas as questões de política internacional, algumas concessões territoriais...*"

Após Piatakov, Radek apresentou um histórico do "*Centro*". Explicou em detalhes as complexas relações que uniam o grupo Zinoviev ao grupo Piatakov, estendeu-se longamente sobre os contatos do "*Centro*" com oficiais nazistas e expôs, uma vez mais, os principais pontos da "filosofia política" de Trótski: terrorismo e sabotagem com o intuito de enfraquecer a União Soviética, intervenção de potências estrangeiras, derrota da URSS, tomada do poder pelos trotskistas, restauração do capitalismo, concessões ao capital estrangeiro e desmembramento territorial do país.

Os acusados reconheceram ter planejado atentados terroristas contra dirigentes soviéticos. O assassinato de Kirov foi novamente lembrado. As confissões dos acusados ampliaram ainda mais o círculo dos participantes no complô. Radek, Sokolnikov, Piatakov, Muralov confessaram ter estado a par "*da preparação prática do assassinato*". Entre os inúmeros projetos de atentados evocados, ou melhor, mencionados de passagem, sem nenhum detalhe de sua preparação nem das causas de seu fracasso, destaca-se o plano de atentado contra Molotov. Muralov e Chestov expuseram como tinham arquitetado o acidente automobilístico que deveria ter custado a vida de Molotov. Para essa missão recrutaram o motorista Arnold, vigarista e aventureiro de pequena envergadura. Infelizmente para eles, Arnold, que conduzia o carro de Molotov e deveria fazê-lo capotar "*num pequeno fosso de 15 metros de profundidade*", no último instante sentiu medo e decidiu não "*virar firmemente na direção do fosso*".

Muitos acusados confessaram seu pertencimento a serviços de informação estrangeiros. Radek admitiu ter tido "*com um cavalheiro de um dos países da Europa central uma conversa relacionada a uma traição à pátria*". Stroilov, ex-alto funcionário do consulado soviético em Berlim, foi mais explícito ao reconhecer ter sido recrutado pelos serviços secretos alemães. Turok e Kniazev explicaram o modo com que foram contactados pelo serviço de espionagem japonês *"para a organização da atividade trotskista de diversionismo"*. Hrasche, enfim, admite seu pertencimento simultâneo a dois serviços de espionagem concorrentes: o alemão e o checoslovaco!

Por ocasião do processo, o essencial dos depoimentos dos diferentes indiciados versou sobre os diversos atos de sabotagem realizados nos transportes ferroviários, nas minas e na indústria química. Os acusados deram uma série de explicações técnicas das diferentes formas de sabotagem econômica a que se entregaram. Com as instruções de Trótski e sob a autoridade de Piatakov, comissário-adjunto para a Indústria Pesada, funcionavam três amplas redes de sabotagem. A primeira, dirigida por I. Livchitz, ocupava-se da desorganização do tráfego ferroviário; a segunda, composta por Muralov, Boguslavsky e Drobnis, tinha por missão sabotar a produção da bacia mineira de Kuzbass; a terceira, sob as ordens diretas de Piatakov, estava encarregada, em particular, de sabotar o complexo químico de Kemerovo, que era de grande importância estratégica.

A sabotagem se dava em todos os estágios de produção e em todos os níveis de responsabilidade. Iniciava-se no domínio da planificação. *"Consistia"*, explicou Drobnis, um dos dirigentes do complexo de Kemerovo, *"em dispersar as verbas para projetos de construção de empresas secundárias, em provocar entraves à construção, de modo que as empresas principais não conseguissem operar dentro do cronograma... Por exemplo, para as instalações principais havia projetos, enquanto para as partes supostamente secundárias, que tinham, no entanto... uma importância bastante considerável para o funcionamento da empresa, como os dutos de gás, os dutos de vapor etc., os projetos não eram elaborados a tempo"*.[6]

Piatakov explicou como planejara a sabotagem na indústria de coque na Ucrânia. *"O trabalho consistia, grosso modo, em utilizar fornos de coque insuficientemente preparados para as operações e prejudicar,* em seu próprio setor, o bom funcionamento das indústrias química e metalúrgica. Colocavam-se os fornos de coque para funcionar e não se recolhiam os preciosos subprodutos obtidos com a coqueifação, com isso desperdiçando-se enormes recursos... Maryasine se conformava em dizer o seguinte: basicamente, era engolir recursos na compra de materiais e de máquinas inúteis."

"Na indústria carbonífera, Stroilov, engenheiro-chefe das minas do Kuzbass, tinha elaborado o seguinte plano de sabotagem:

1. Sabotar a construção de minas novas e a reconstrução das antigas;
2. Organizar os trabalhos de tal forma que as minas sejam exploradas por fatias;
3. Empregar sistemas de extração da hulha que ocasionem o máximo de perdas e provoquem incêndios;
4. Sabotar intencionalmente a preparação de novas jazidas;
5. Destruir o maior número possível de máquinas de carregamento e transporte da hulha;
6. Sabotar o movimento stakhanovista.* Dar instruções que exasperem os operários: antes de chegar ao seu posto de trabalho, o operário deve proferir duzentos xingamentos à direção..."[7]

A sabotagem, é claro, assumia formas violentas, que provocavam a morte de homens: explosões nas minas, com o objetivo de "*matar o máximo de stakhanovistas*", inundações de poços, acidentes com máquinas, descarrilamentos de trens civis e militares. Kniazev, um dos chefes da "*organização terrorista das estradas de ferro dos Urais do Sul*" confessou ter ele próprio planejado uma quinzena de descarrilamentos,

---

* O stakhanovismo, stakanovismo ou estacanovismo foi um movimento surgido na União Soviética em 1935, pela iniciativa do minerador Alexei Stakhanov, que propunha o aumento dos níveis de rendimento dos operários com base em sua própria força de vontade. (N. do T.)

ocasionando a morte de 63 pessoas em dois anos, com muitas centenas de avarias.

Esses diversos atos de sabotagem deveriam enfraquecer a capacidade de defesa da União Soviética diante de uma agressão vinda de fora, mas também, conforme explicou um dos indiciados, *"desacreditar a direção do Partido aos olhos do povo, e, por uma série de golpes contra a população, provocar uma fúria contra Stalin, contra o governo, criar na população a impressão de que o governo seria capaz de tudo"*.[8]

Após cinco dias de interrogatórios e depoimentos, Vychinski iniciou o seu próprio testemunho. Afirmou que o atual processo havia *"fornecido material de um modo convincentemente excepcional, que, uma vez mais... tinha confirmado plenamente o papel traiçoeiro do trotskismo, que passou de maneira plena e sem reservas para o campo dos inimigos, convertendo-se numa reserva da SS* e da Gestapo"*. Com os termos mais virulentos, denunciou *"esse bando de criminosos a soldo dos serviços de informação estrangeiros... mais abjetos até mesmo que os russos brancos..."*. Muitas passagens de seu depoimento sugeriam que esse processo não seria o último, sobretudo por mencionar *"os zinovievistas, trotskistas e direitistas, que desde 1932 tinham se posto de acordo quanto a uma política comum"*. Bukharin, Alexei Rykov, Christian Rakovski foram mais uma vez interrogados. Usando de todos os recursos de eloquência, Vychinski lançou-se num remate de discurso destinado a despertar a indignação e a cólera das multidões: *"Eles explodem as minas, inundam as instalações, descarrilam trens, mutilam e matam, às centenas, os melhores dentre os nossos, os filhos de nossa pátria. De Gorlovka, duzentos operários do polo de fertilizantes nitrogenados me transmitiram, pelo* Pravda, *os nomes dos melhores stakhanovistas dessa fábrica mortos pela mão traiçoeira de diversionistas. Eis aqui a lista das vítimas: Lunev,*

---

* A SS, abreviação de Schutzstaffel ("esquadrão de proteção") foi uma organização paralimitar criada em 1925, ligada ao Partido Nazista e a Adolf Hitler, primeiramente na Alemanha nazista e logo na Europa ocupada pelos alemães durante a Segunda Guerra Mundial. (N. do T.)

stakhanovista, nascido em 1902, Vudine, engenheiro, nascido em 1913, Kurdine, membro do Komsomol, stakhanovista, 23 anos... Maximenko, stakhanovista cujo rendimento era de 125% a 150%. Nemikhine, um dos melhores trabalhadores do grupo de choque, sacrificou sua licença de dez dias para descer nos poços de Tsentralnaya, e lá havia alguém à espreita para matá-lo... E eu não estou sozinho a me insurgir aqui. As vítimas poderiam ser do círculo de vocês, sinto-as ao meu lado, apontando para vocês, acusados, com seus braços mutilados, que cairão feito poeira na tumba em que vocês os jogaram. E não sou apenas eu a acusar vocês: nosso povo vai se juntar a mim! Eu acuso esses criminosos odiosos que merecem uma única punição, a morte!".[9]

Após as alegações finais, os acusados, um por vez, tomaram a palavra para a sua "última declaração". Todos se acusaram uma vez mais dos piores crimes que lhes foram imputados — a última declaração é, na verdade, o ensejo para uma última capitulação, para o abandono definitivo das posições políticas que cada um dos principais acusados havia defendido a tal ou qual momento. Alguns deles — Drobnis, Muralov, Boguslavsky, Sokolnikov — tentaram atenuar sua culpa ao lembrar seus prestigiosos serviços revolucionários ou suas origens proletárias. Coube a Radek, numa longa declaração, extrair uma das lições principais desse processo, que consagrara, conforme explicou, "*a derrota absoluta e total*" de todos os que se opunham, de uma forma ou de outra, às diretrizes do camarada Stalin: "*Há no país semitrotskistas, um quarto de trotskistas, um oitavo de trotskistas, pessoas que têm nos ajudado, ignorando a existência da organização terrorista, tendo simpatia por nós, e que, por liberalismo ou por espírito rebelde em relação ao Partido, nos ajudaram... A todos esses indivíduos, diante do Tribunal e no momento do ajuste de contas, afirmamos: aquele que em suas relações com o Partido sente a menor fissura na consciência deve saber que amanhã ele pode se tornar um instigador de diversionismo, um traidor, se não se aplicar em reparar essa fissura por uma sinceridade total ao Partido...*".[10]

O veredicto foi pronunciado em 30 de janeiro, às 3 horas da madrugada. Todos os acusados foram condenados à pena capital, a não ser Stroilov, condenado a apenas oito anos de prisão, e Radek e Sokolnikov, que, *"sem terem participado diretamente do planejamento e da execução dos diferentes crimes"*, foram condenados, com Arnold, a dez anos de detenção. Todos os condenados à morte foram executados nas 48 horas que se seguiram ao veredicto.

1938: O PROCESSO DO "BLOCO DOS DIREITISTAS E TROTSKISTAS"

O terceiro processo, virtualmente anunciado em janeiro de 1937, teve início um ano depois, em 2 de março de 1938.

Tal como no curso dos processos precedentes, os acusados constituem um conjunto disparatado de personalidades de envergadura muito diferente, um amálgama de pessoas reunidas pelas necessidades da acusação. Os três antigos membros do Gabinete Político de Lênin tomaram assento no banco da infâmia. Bukharin é o principal acusado desse terceiro processo. Bolchevique de primeira classe, é um dos dirigentes mais influentes do Partido em 1917; em dezembro daquele ano, torna-se redator-chefe do *Pravda*, e a partir de 1919, torna-se membro do Gabinete Político. Nos anos 1920, o Partido o considera seu principal teórico. Em 1928, assume a chefia da última — e mais perigosa — oposição a Stalin. Denuncia sobretudo a ausência de democracia no interior do Partido e critica os projetos de coletivização acelerada da agricultura. Mas acaba por compor a minoria na XVI Conferência do Partido (abril de 1929), sendo destituído da maior parte de suas funções. Não obstante, nos anos 1930, após sua "capitulação", ele ocupa o cargo de redator-chefe do *Izvestia*. Interrogado no primeiro processo, e depois provisoriamente desculpado, no segundo é mais uma vez acusado e preso em fevereiro de 1937, durante a Plenária do Comitê Central.

Rykov, outro acusado de grande destaque, foi um dos primeiros partidários de Lênin, ainda à época do *Iskra*.* Em 1905, aos 24 anos, é eleito para o Comitê Central do Partido Bolchevique. Após a vitória da Revolução de Outubro, torna-se comissário do povo no Ministério do Interior, e presidente do Conselho da Economia Nacional em 1918. Após a morte de Lênin, seu itinerário político passa a se assemelhar, em grandes traços, ao de Bukharin. Com este, dirige a *"oposição de direita"*, mas sua capitulação prematura, em fevereiro de 1929, torna impossível a resistência que Bukharin desejava continuar. Destituído da maior parte de suas funções, nos anos 1930, Rykov assume o cargo subalterno de comissário do povo nos correios e telégrafos, vindo a ser preso, junto com Bukharin, em fevereiro de 1937.

Nikolai Krestinsky, terceiro membro do Gabinete Político de Lênin a se tornar réu, é um "velho bolchevique", membro do Partido desde 1903. Sob o tsarismo, passou muitos anos na prisão, e em 1917 assumiu a direção do Partido Bolchevique nos Urais. Integrou o Gabinete Político de 1919 a 1921. Em 1923, aliou-se à oposição trotskista. Nos anos 1930, após sua "capitulação", foi comissário adjunto para Relações Exteriores.

Outra grande figura do bolchevismo, Rakovski é um revolucionário mais europeu do que russo, ligado pessoalmente a Jules Guesde, Rosa Luxemburgo e Trótski. Deputado socialista na Romênia, redator-chefe do principal jornal socialista romeno, em 1917 se juntou aos bolcheviques russos. Em 1919 participou do Comitê Central e mais tarde veio a presidir, até 1923, o Conselho dos Comissários do Povo da

---

* O *Iskra* (da transliteração do termo russo Искра, para "centelha" ou "faísca") foi um jornal político de caráter revolucionário marxista. Primeiro periódico marxista ilegal da Rússia, era publicado por emigrados socialistas da Rússia. O primeiro número apareceu em dezembro de 1900, em Leipzig, Alemanha. (N. do T.)

Ucrânia. Partidário de Trótski em 1923, recusou-se a capitular em 1928-1929. Partiu então para um exílio de cinco anos em Astracã, e depois no Cazaquistão. Apenas em 1934 veio a se render, ao final de uma relegação* angustiante.

Junto a esses dirigentes históricos do bolchevismo, comparece Yagoda, um dos fundadores, depois dirigente da polícia política, principal encenador do primeiro processo de Moscou na condição de chefe do NKVD, em 1936; quatro antigos comissários do povo, Rosengoltz, Ivanov, Chernov e Grinko; o "velho bolchevique" Zelenski, dirigente das cooperativas; Charangovich, primeiro-secretário do Partido da Bielorrússia. Pela primeira vez, dois asiáticos são tornados réus: Faizula Khudaiev, um dos primeiros bolcheviques em país muçulmano, presidente do Conselho dos Comissários do Povo do Uzbequistão, e Akmal Ikramov, primeiro-secretário do Partido Bolchevique dessa mesma república. Entre os outros acusados, figuram em segundo plano homens tão diferentes quanto Bessonov, alto funcionário da delegação para o comércio soviético em Berlim, Zubarev, alto funcionário do Comissariado para a Agricultura, os antigos secretários de Yagoda, de Kuibyshev, de Máximo Gorki e mesmo três homens mais distanciados da vida política, os doutores Pletnev, Levine e Kazakov.

Em muitos aspectos, os responsáveis pelas acusações nomeados contra os 21 réus fazem lembrar esses imputados um ano antes, como membros do "*Centro Antissoviético Trotskista*". Os réus do terceiro processo são acusados de terem formado um grupo de conspiradores que tinha por objetivo derrubar o governo soviético, restaurar o capitalismo, realizar atos de sabotagem, solapar a potência militar da URSS, espionar para Estados estrangeiros, desmembrar a União Soviética e fazê-la separar a Ucrânia das províncias marítimas, da Bielorrússia, das repúblicas da Ásia Central, da Geórgia, Armênia, Azerbaijão...

---

* A relegação é uma pena que consistia em exílio do território de seu país. (N. do T.)

Dessa feita, a conspiração descoberta é de uma amplitude ainda maior que a das precedentes. Ela estende suas ramificações sobre todo o território da URSS e finca raízes já nos primeiros meses do regime. O ato de acusação especifica que "*a partir do final dos anos 1920, o bloco dos direitistas havia constituído uma rede cerrada de centros de conspiração formados por zinovievistas, direitistas, mencheviques, socialistas revolucionários, guardas brancos, kulaks* e nacionalistas burgueses de uma meia dúzia de repúblicas soviéticas da periferia*". O "*Bloco*" tivera por principal cúmplice o antigo comissário do povo no Ministério do Interior, Yagoda e todo o seu estado-maior. Os membros do "*Bloco*" haviam perpetrado atos terroristas que provocaram a morte de Kirov, Menjinski, Kuibyshev, Gorki e Pechkov.

Desde o início dos anos 1920, numerosos membros do "*Bloco*" haviam se tornado espiões a soldo dos serviços de espionagem alemão, britânico, japonês e polonês. Entre eles, muitos tinham sido provocadores da polícia política tsarista.

O ato de acusação concluiu: "*Esses crimes monstruosos não foram cometidos por acaso... A instrução estabelecera que já em 1918, por ocasião da celebração da paz de Brest-Litovsk, Bukharin e seu grupo, dito de 'comunistas de esquerda', assim como Trótski e seu grupo, com os socialistas-revolucionários, instigariam um complô contra Lênin para fazer fracassar a paz, derrubar o governo dos sovietes, a fim de parar Lênin, Stalin, Sverdlov, e formar um novo governo...*".[11]

O processo teve início com uma reviravolta sem precedentes: quando do interrogatório preliminar conduzido pelo presidente, um dos acusados, Krestinsky, negou veementemente as acusações levantadas contra ele: "*Nunca fui trotskista*", afirmou. "*Não fiz parte do bloco*

---

* Kulak (punho, em russo transliterado, de кулáк) era o nome dado à burguesia rural que em suas fazendas empregava sistematicamente o trabalho assalariado. Convertidos em apoiadores do tsarismo, com a Revolução de Outubro os kulaks passaram a fazer oposição feroz ao governo soviético. (N. do T.)

dos direitistas e dos trotskistas e não cometi crime algum." Entretanto, Krestinsky não haveria de perseverar nessa atitude. Interrogado no dia seguinte, reconheceu tudo o que lhe fora acusado. Parte dos depoimentos dos acusados versava sobre a formação e sobre numerosas ramificações do *"Bloco"*. Bessonov, que, na condição de conselheiro da embaixada soviética em Berlim foi acusado de ter travado contatos com Sedov e Trótski, narrou longamente o encontro que em julho de 1934 tivera com Trótski, quando este pressionou os membros do *"Bloco"* a eliminar Gorki fisicamente. Rosengoltz deu detalhes dos encontros que tivera com Sedov em 1933-1934 e das diretivas que Trótski lhe transmitira sobre as diferentes formas de sabotagem, assim como sobre os preparativos para o golpe de Estado militar, *"dirigido por Tukhachevsky"* e que deveria *"coincidir com o início da guerra"*. Com riqueza de detalhes, Krestinsky conta sobre a reunião que tivera com Trótski em Meran, no Tirol, em setembro de 1933.

Rykov e, mais ainda, Bukharin, por sua vez, adotaram uma linha diferente. Interrogados sobre as atividades do *"Bloco"*, esforçaram-se por se manter em vagas generalidades. Admitiram ter criado uma organização ilegal, desde o início aceitaram assumir a responsabilidade moral por todos os atos de terrorismo, mas negaram qualquer participação específica ou direta nesses atos. Rykov demorou-se nas origens do *"Bloco"*, e ao falar sobre elas remontou a 1930. Estendeu-se longamente sobre a *Plataforma de Ryutin*,* que, segundo ele, preconizava o emprego de métodos violentos para a exclusão de dirigentes do Partido. Reconheceu que sua posição em particular, e a do *"Bloco"* em

---

* Plataforma de Ryutin: importante documento interno do Partido, contendo quase duzentas páginas, inspirado pelo bolchevique Ryutin. O documento criticava vigorosamente a política que Stalin conduzia desde 1929, além de preconizar uma forte diminuição do ritmo da coletivização e da industrialização, isto segundo o programa dos "direitistas" e de Bukharin, derrotado em 1929. Stalin teria desejado condenar Ryutin à morte pela formação de uma fração contrarrevolucionária. Diante da oposição da maioria do Politburo, em outubro de 1932, Stalin teve de se contentar com simplesmente excluir Ryutin e seus partidários do Partido.

geral, era derrotista, admitiu vagamente ter sido envolvido num levante de kulaks no Cáucaso do Norte, evocou um projeto de "revolução de palácio", a qual foi dirigida contra Stalin por ocasião do XVII Congresso do Partido, e por fim, confessou ter tomado parte no estabelecimento de uma organização encarregada de *"vigiar o trânsito dos carros do governo"*...

Entretanto, quando pressionado por Vychinski para fornecer detalhes, Rykov sempre se esquivava dizendo não se recordar desse ou daquele fato específico, afirmando não ter ficado sabendo (do assassinato de Kirov, por exemplo, organizado, segundo ele, *"por trotskistas sem o conhecimento dos direitistas"*) ou dando respostas ambíguas (*"O 'Bloco' não aprovava a decisão de suprimir, em tal ou qual ano, um membro do governo ou do Gabinete Político. O 'Bloco' simplesmente tomava medidas que permitiam a implementação de uma tal decisão caso ela tivesse sido adotada"*). Negou energicamente toda acusação de espionagem. Quando o procurador concluiu que as organizações *"direitistas"* da Bielorrússia tinham se transformado em agências de espionagem do Estado maior polonês, Rykov objetou: *"Eis aí uma fórmula que explica um resultado político, e não relatórios de organização bem determinadas, em seus mínimos detalhes"*. Da mesma forma, interrogado sobre as negociações do *"Bloco"* com os nazistas, e sobre os projetos de desmembramento da URSS, Rykov afirmou que durante a negociação ele não especificara as regiões que seriam cedidas à Alemanha — afirmação que tornava absurdo todo o episódio incriminado.[12]

Da mesma forma que Rykov, Bukharin evitou admitir qualquer cumplicidade direta nos atos mais desonrosos, mas isso sem negar nenhuma das responsabilidades políticas de caráter geral. Reconheceu-se culpado *"de ser um dos principais chefes do 'Bloco' dos direitistas e dos trotskistas"*; como consequência, declarou-se *"responsável por tudo o que resultou diretamente disso"*, quase vindo a assumir *"a responsabilidade pela totalidade dos crimes cometidos pela organização contrarrevolucionária"*, independentemente de ele ter *"sido informado ou não, participado ou não de uma forma qualquer de atividade particular"*. Na primeira ocasião em que o procurador lhe permitiu, Bukharin entregou-se a uma longa elucubração teórica — sem amparo em acontecimento concreto algum — sobre a maneira com que uma política *"direitista"* deveria inevitavelmente conduzir à restauração do capitalismo. Aliás, ele caracterizou o *"Bloco"* de modo tal — *"não era uma organização cristalizada"*, explicou: *"veio a se cristalizar apenas nesse centro de coordenação: então era natural que não tivesse nem mandato nem representação no seio da organização comum"* — que isso redundava, na prática, em negar a sua existência. Estendeu-se longamente sobre a *Plataforma de Ryutin*, expôs os planos do *"golpe de Estado"* arquitetado em 1935 por Yenukidze e Peterson, descreveu o papel que Tukhachevsky deveria desempenhar nessa "revolução de palácio" e reconheceu ter enviado *"arruaceiros"* às províncias. Interrogado sobre as diferentes formas de sabotagem que planejara, limitou-se a dizer que uma *"orientação insurrecional"* havia sido adotada pelo *"Bloco"* e afirmou não ter ficado sabendo de nada sobre os preparativos para o assassinato de Kirov. Negou até o fim a acusação de espionagem que lhe fora trazida, tratando como agentes provocadores dois de seus coacusados, que haviam testemunhado contra ele, sem que Vychinski ousasse desmenti-lo. Acusado de ter armado um complô contra Lênin e mesmo planejado assassiná-lo em 1918, defendeu-se habilmente, demonstrando o absurdo de tal acusação, deixando as testemunhas com questões tão impactantes que o procurador e o presidente levaram um tempo para descartá-las como alheias ao processo. A linha de defesa adotada por Bukharin — admitir generalidades, negando ao máximo fatos específicos — por diversas vezes despertou a ira de Vychinski, que o acusou *"de aparentemente observar certa tática... de não dizer a verdade, de se esconder atrás de uma torrente de palavras, de chicanar, de se refugiar no domínio da política, da filosofia, da teoria..."*.[13]

A "tática" observada por Bukharin, no entanto, de modo algum perturbou o bom andamento do processo. Na verdade, todos os demais acusados de bom grado reconheceram todos os crimes que lhes foram imputados, em particular a acusação de espionagem.

Chernov contou como havia se tornado espião depois de alguns encontros com Dan, o emigrado menchevique. Preso pela polícia em Berlim, na sequência de um tumulto num ônibus, submeteu-se à chantagem dos serviços secretos nazistas, que ameaçaram transmitir à embaixada soviética as provas de suas reuniões com Dan. Chernov informou a natureza das informações buscadas por seu "*correspondente alemão*" em Moscou: "*informações sobre a vida interior do Partido, sobre os estoques de produtos industriais, sobre a quantas andava o estoque de grãos e as reservas de grãos formadas para o caso de guerra...*". Ivanov e Zelenski declararam estar a serviço da Okhrana* tsarista em 1911; Charangovich confessou ter sido espião polonês a partir de 1921; Rosengoltz, espião alemão a partir de 1923. Krestinsky reconheceu ter recebido, a cada ano, a contar de 1922, 250 mil marcos em ouro da Reichswehr.† Quanto a Rakovski, admitiu ser um agente do Serviço de Inteligência de 1924 em diante. Além disso, contou ter "*estabelecido, em 1934, relações criminosas com o serviço de espionagem japonês*" e, em 1927, "*conduzido negociações com certos meios capitalistas franceses de direita*". Esclareceu, enfim, que Trótski também estabelecera "*uma ligação criminosa com o Serviço de Inteligência desde 1926*".

Tal como no curso do processo anterior, o que foi exposto sobre diferentes atos de sabotagem a que os acusados reconheceram ter se

---

* A Okhrana otdeleniye (transliteração da denominação em russo Охранное отделение, Okhrannoie otdeleniie, traduzida resumidamente por "departamento de segurança") foi a polícia secreta do regime tsarista, criada em 1881 e atuante sob Alexandre III. Tinha plenos poderes para cometer crimes políticos. (N. do T.)

† Reichswehr, literalmente "defesa do império", era o nome do conjunto das forças armadas da Alemanha no período entre 1919 e 1935, ano em que, já na Alemanha nazista, passou a ser denominado Wehrmacht ("força de defesa"). (N. do T.)

entregado ocupou boa parte dos dez dias de audiência. Foram trazidas todas as mais engenhosas formas de sabotagem, assim como as mais inesperadas e mesmo as mais extravagantes.

Grinko, antigo Comissário do Povo para as Finanças, contou que tentara enfraquecer o rublo e provocar o descontentamento popular ao desorganizar o funcionamento das caixas de poupança, dando aos diretores de empresa instruções para que pagassem com atraso os salários dos trabalhadores. Ivanov, antigo Comissário do Povo para a Indústria da Madeira, explicou que seus serviços tinham deliberadamente provocado uma escassez de papel, "*a fim de causar um entrave na revolução cultural, interrompendo a produção de cadernos, o que não deixava de provocar o descontentamento das massas*".

Chernov reconheceu-se culpado pelas epidemias que afetaram o rebanho bovino da Sibéria ocidental. Declarou ter ordenado aos responsáveis pelo Comissariado da Agricultura "*inocular erisipelas nos porcos da região de Leningrado e a peste nos da província de Voronej*". Além disso, organizara "*a infestação maciça de celeiros de trigo por insetos nocivos, em particular o gorgulho; nesses celeiros estavam estocadas reservas destinadas a mobilizações populares*". Quanto a Charangovich, confessou, entre outros crimes, "*ter provocado doenças infecciosas nos cavalos da Bielorrússia, utilizados para a defesa. A intenção*", explicou, "*foi de enfraquecer essa base importante para o caso de uma guerra*". Khudaiev explicou em detalhes o modo como seus serviços sabotavam a agricultura uzbeque: supressão da rotação de culturas, derrubada sistemática de amoreiras, sob pretexto de mecanização, diminuição deliberada do rebanho, adoção de planos fictícios para a cultura do algodão, medidas administrativas vexatórias, destinadas a provocar o descontentamento da população rural. Zelenski, enfim, descreveu a sabotagem do comércio varejista, setor particularmente sensível. Seus serviços, "*que em sua composição tinham 15% de antigos mencheviques, socialistas revolucionários, anarquistas, trotskistas e assim por diante...*", arquitetavam contratempos no comércio de bens de uso corrente. Com isso, em diversos estabelecimentos faltava tanto o sal quanto o açúcar e o tabaco. "*'Em 1936, quando faltaram ovos em Moscou, foi por culpa sua?'*, perguntou Vychinski. *'Claro que sim'*, respondeu Zelenski." Ele ainda explicou que outra forma de sabotagem, também destinada a exasperar os consumidores, consistia em bloquear o comércio, expedindo as mercadorias em momentos inconvenientes. Com isso, o público o via oferecer botas forradas no verão e sandálias no inverno. Vychinski, por fim, fez Zelenski confessar que os membros de sua organização tinham posto vidro moído e espalhado pregos na manteiga destinada ao consumo cotidiano.[14]

Durante o processo, o assassinato de Kirov foi novamente lembrado, e novos cúmplices pertencentes ao "*Bloco*", desmascarados. Yagoda, chefe do NKVD à época do assassinato, reconheceu sua cumplicidade direta no caso. Após ter incriminado Rykov e Bukharin, "*presentes*", disse, "*na reunião do Centro durante a qual ele tinha tomado a decisão de assassinar Kirov*", Yagoda contou que havia sido posto a par do projeto por Yenukidze. Exortara Zaporojetz* "*a não impor obstáculo à realização de um ato terrorista que visava a pessoa de Kirov*" e ordenara que se voltasse a pôr em liberdade Nikolaiev, preso "*por desprezo*" alguns dias antes do assassinato, portando um revólver e anotações sobre itinerários comumente tomados por Kirov. Após o assassinato, Yagoda confessou ter eliminado, com um acidente de automóvel, uma testemunha inconveniente, que vinha a ser Borissov, membro do NKVD de Leningrado. Em seguida, Yagoda declarou ter pessoalmente organizado os assassinatos de seu predecessor Menjinski, de Kuibishev e de Máximo Gorki. Além disso, tentara envenenar seu sucessor na direção do NKVD, Nikolai Yezhov. Para cometer esses crimes, Yagoda havia empregado um

---

* Zaporojetz: responsável pelo NKVD de Leningrado, implicado no caso do assassinato de Kirov. Ver adiante, p. 107.

método original — "*o assassinato médico*". Contara com a cumplicidade de Bulanov, seu colaborador direto, dos secretários de Kuibishev e Gorki, e também com a de três reputados médicos, os doutores Levine, Kazakov e Pletnev, que eles próprios seguiam as vítimas. Durante dois dias, esses seis acusados narraram em detalhes os preparativos para os "*assassinatos médicos*", bem como a sua realização. Kazakov explicou que tinha feito seu paciente Menjinski absorver "*lisadas* de sua própria fabricação*". Levin contou como Kriutchov, secretário de Gorki, provocara a morte de Pechkov, filho do escritor, embriagando-o e deixando-o num banco de jardim, onde a vítima passou frio, o que serviu de pretexto para que lhe fossem ministrados medicamentos envenenadores. Quanto a Levin, tinha apressado o fim de Gorki ao atear fogo a madeiras, cujo efeito foi desastroso para os pulmões frágeis do escritor.[15] Bulanov admitiu ter aspergido o escritório de Yezhov com uma solução de mercúrio misturada a outro veneno, não identificado. Na sequência, alongou-se a descrever o laboratório de venenos que Yagoda havia montado e dirigia pessoalmente.

Após essas sensacionais confissões, Vychinski lançou a sua acusação, que durou toda a manhã de 11 de março. De início, ressaltou "*a importância histórica excepcional*" do caso, "*que reside no fato de que, durante esse processo, ele estabeleceu, demonstrou e provou com minúcia e exatidão excepcionais que os direitistas, trotskistas, socialistas-revolucionários, burgueses, nacionalistas e assemelhados não passavam de um bando de assassinos, espiões, terroristas e sabotadores sem ideais nem princípios*". Retomando um a um os crimes de cada acusado, Vychinski estendeu-se a estigmatizar "*essa pilha de esterco humano... esse bando de criminosos traidores, e não somente de criminosos traidores, mas de criminosos vendidos aos serviços secretos inimigos, criminosos que os*

---

* "Lisadas" aqui faz referência a células submetidas ao processo de lise. Trata-se originalmente de um processo natural de dissolução ou destruição de uma célula provocada pelo rompimento da membrana plasmática — o processo pode ser reproduzido em laboratório. (N. do T.)

próprios traidores comuns tratam como os mais vis, os mais infames, os mais desprezíveis e os mais depravados dentre todas as criaturas depravadas...". Fez recair sobre os acusados todas as dificuldades econômicas da URSS: *"Em nosso grande país, rico em recursos naturais de toda sorte, não se poderia, como não se pode, chegar ao ponto em que um produto venha a faltar. Mesmo assim, a missão de toda essa organização de sabotagem consistia em provocar a falta de produtos que entre nós havia em abundância... Agora está claro por que volta e meia enfrentamos contratempos e por que, apesar da abundância dos produtos, de repente carecemos tanto de um quanto de outro. A culpa é justamente desses traidores... que visavam não apenas solapar a capacidade de defesa e a potência econômica de nosso país, mas também provocar o descontentamento e a irritação entre as massas mais profundas da população, com a ajuda de meios difíceis de desmascarar".*

Vychinski concluiu suas alegações finais com a exigência da pena de morte para todos os acusados, à exceção de Bessonov e de Rakovski. *"Nosso povo exige uma única coisa: que esses répteis malditos sejam esmagados, que esses cães sarnentos sejam abatidos! O tempo vai passar, as ervas daninhas e os cardos invadirão as tumbas dos traidores execrados... No caminho, livre da última mácula e da última abjeção do passado, nós todos, nosso povo, orientados por nosso tão amado chefe e guia, o grande Stalin, continuaremos a seguir em frente, sempre em frente, rumo ao comunismo!"*[16]

Na sequência, os condenados tomaram a palavra para o seu último discurso. Tal como nos processos anteriores, em sua defesa a maior parte dos réus se recordou de suas gloriosas folhas de serviço no Partido. Bessonov afirmou que retornara do exterior por lealdade, embora soubesse que era suspeito. Krestinsky lembrou suas atividades nas organizações clandestinas bolcheviques antes da Revolução; Rosengoltz evocou sua infância, marcada já por precoces leituras de livros revolucionários proibidos. Os médicos defenderam-se fazendo referência às ameaças de Yagoda. Rememorando seu encontro com o antigo chefe do NKVD, Levine relatou os termos da chantagem a que fora submetido, o que dizia muito sobre a onipotência da polícia política, ao mesmo tempo em que permitia entrever o mecanismo das confissões:

"*Ele* (Yagoda, N.W.) *disse: 'Não se esqueçam de que não podem deixar de me obedecer. Não escaparão. A partir do momento em que eu lhes confiar essa tarefa, no momento em que lhes confiar essa missão, deverão apreciá-la e realizá-la. Não poderão contar a ninguém. Ninguém lhes acreditará. Não em vocês, mas em mim é que vão acreditar. Não duvidem, façam. Reflitam bem sobre como poderão fazer, sobre quem poderão recrutar. Daqui a alguns dias, vou convocá-los.' Repetiu ainda que a não realização do que ele exigia seria prejuízo para mim e minha família. Avaliei que não tinha outra saída, que eu tinha de me submeter a ele...*"[17]

Entretanto, as últimas declarações dos acusados não provaram maiores incidentes: na verdade, todos, sem exceção, se reconheceriam culpados. E se alguns deles, como Yagoda, Rykov ou Bukharin negassem sua responsabilidade direta em algum ponto específico, tal atitude, no fim das contas, só poderia servir à acusação, permitindo-lhes interromper os rumores espalhados por observadores céticos, que se admiravam até mesmo da complacência perfeita demais dos acusados ao longo de todos os embates. O discurso de Bukharin, na lógica da linha de defesa que ele seguira ao longo do processo, foi de todos o mais notável. Mais uma vez, Bukharin endossou a responsabilidade "*a um só tempo no plano político e no plano legal*" da "*orientação derrotista e das atividades de sabotagem do Bloco*". Admitiu ter sido um conspirador contrarrevolucionário, um inimigo do socialismo. Ironizou os articulistas ocidentais, que explicavam suas confissões recorrendo às instâncias misteriosas da "*alma escrava*". Reconheceu-se culpado por traição e atividades subversivas. Ao mesmo tempo em que se acusava, demonstrava, num discurso do qual cada termo fora cuidadosamente pesado, toda a inépcia das acusações levantadas contra ele. Segundo a acusação, o "*Bloco*" teria sido constituído em 1928, bem antes da ascensão de Hitler ao poder. "*De que modo, sob essas condições*", explicou Bukharin, "*pode-se afirmar que o Bloco foi organizado com base nas instruções dos serviços secretos fascistas?*" A acusação de espionagem? Ancorava-se apenas nos testemunhos de dois agentes provocadores, dos quais, antes de se ter lido o ato de acusação, ignorava-se até mesmo a existência. Depois de assim ter contestado, sem muito se demorar nisso, diversos pontos capitais da acusação, ainda que fossem sempre parciais, Bukharin, sempre de maneira casual, por fim lançou a seguinte observação impactante, que, por si só, varria toda a argumentação de Vychinski: "*A confissão dos acusados é um princípio jurídico medieval*".

O veredicto foi revelado algumas horas mais tarde, na noite de 12 para 13 de março. Todos os acusados, declarados culpados em todos os pontos, foram condenados à morte, com exceção de Pletnev, Rakovski e Bessonov, condenados respectivamente a 25, 20 e 15 anos de reclusão. Segundo a manchete do *Pravda* de 13 de março, o veredicto da Corte foi recebido por numerosas manifestações de alegria popular. Duas semanas depois, aliás, as colunas de todos os jornais soviéticos continuam repletas de reuniões, assembleias e atos de trabalhadores que, com unanimidade, reclamavam a pena de morte para "*esse bando maldito de assassinos e espiões*". Ao assumir essas "*legítimas reivindicações populares*", um editorial do *Pravda* explicou que "*ao exterminar impiedosamente esse bando de espiões, de provocadores, sabotadores e diversionistas, nossa pátria soviética avançará ainda mais depressa na grande via traçada pelo camarada Stalin, a cultura socialista desabrochará numa floração ainda mais rica e a vida do povo soviético se tornará ainda mais feliz*".[18]

REAÇÕES:
DA CREDULIDADE À DESMISTIFICAÇÃO

De que modo reage o mundo à notícia desses processos extraordinários? O impacto desse evento é imenso, ainda que o momento por si só já fosse muito carregado. Os processos aparecem imediatamente como um evento de grande importância na história da URSS. Para alguns, trata-se de uma verdadeira encruzilhada na evolução do regime — o "Termidor"* da Revolução Russa. Para outros, é o próprio símbolo da "*abjeção monstruosa*"[19] de um regime aviltado. Para todos, partidários ou adversários da agenda soviética, os processos logo se tornam pretexto para a extrapolação, servindo de argumento no domínio exclusivo das lutas políticas internas. Desde as revoluções de 1917, nenhum acontecimento soviético terá sido a tal ponto relatado e comentado pela imprensa internacional. Em concordância com numerosos observadores estrangeiros aos processos, garantindo a publicidade mais ampla aos debates — seu registro estenográfico completo é publicado em francês e em inglês pelo Comissariado do Povo para a Justiça nas semanas seguintes aos processos —, os soviéticos contribuíram para o êxito midiático desse episódio-espetáculo, que com o passar dos anos se revelará duplamente ilusório.

---

* Por analogia, o Termidor foi o período da Revolução Francesa no qual se encerrava a fase do Terror, interrompendo-se assim a ditadura dos jacobinos, que eram então a "esquerda". Até aquele momento, cada etapa da referida Revolução havia sido uma radicalização e um aprofundamento da fase anterior. (N. do T.)

De início, a percepção do evento revela o profundo desconhecimento do Ocidente sobre o que se passa no "país dos sovietes".

1936, A URSS, A DESCONHECIDA...

No momento em que o comunicado da agência Tass anuncia a realização do primeiro processo de Moscou, a imagem da URSS se encontra em seu mais alto patamar na mente de milhões de pessoas em todo o mundo. Para a metade dos franceses que votaram em 1936, a URSS é um símbolo de progresso, um baluarte contra os fascismos ameaçadores, uma esperança de paz. O medo do fascismo é um desconhecimento profundo da realidade soviética, contribuindo para fixar, numa ampla fração da opinião pública, uma imagem "globalmente positiva" da URSS.

Em agosto de 1936, a opinião ocidental ainda está sob o choque da chegada de Hitler ao poder, da remilitarização da Renânia, do pronunciamento dos facciosos generais espanhóis. Esses dramáticos episódios destruíram a ilusão de segurança e provocaram, entre a gente de esquerda, um sobressalto moral e uma premente necessidade de agir. Uma verdadeira febre de antifascismo vai cimentar os *"fronts populares"*, expressão política de uma aliança efêmera entre o proletariado e as classes médias. Esse fervor será benéfico à União Soviética. Num mundo ameaçado e perigoso, esse país aparece como o protetor natural dos oprimidos e das vítimas do fascismo. É na URSS que vão se refugiar os *Schutzbündler** após o esmagamento do socialismo austríaco em 1934, é da URSS que partirá a campanha para salvar os acusados do processo de Berlim, e é a URSS, enfim, que enviará conselheiros

---

* Os Schutzbündler, "companheiros de proteção", em tradução literal, eram membros da ala paramilitar do Partido Social-Democrata austríaco, os Republikanischer Schutzbünder [companheiros republicanos de proteção, em tradução literal]. (N. do T.)

militares, tanques e aviões à Espanha republicana. Em maio de 1935, Laval rendeu-se em Moscou para ali assinar o pacto de amizade franco-soviético, uma nova etapa na reaproximação diplomática entre a França e a União Soviética, iniciada dois anos e meio antes com o pacto de não agressão celebrado pelo governo Herriot. O comunicado final, aprovado como resultado da visita, parece pressagiar uma real mudança na política soviética em face da França e se renova com a grande tradição de ajuda mútua franco-russa dirigida contra o "*militarismo alemão*".

Em junho de 1935, o amplo salão da Mutualidade serve de ambiente para as "*Jornadas de Solidariedade e Amizade com a* URSS". Dois prêmios Nobel, oito professores do Collège de France, escritores, políticos, artistas, engenheiros, médicos, simples trabalhadores — "*A França inteira está aqui*", escreve o *L'Humanité* — ali se encontram para exaltar o humanismo soviético e cantar os méritos do "*homem mais amado do mundo, o camarada Joseph Stalin*". No mesmo mês, o Congresso Internacional dos Escritores, por sua vez, celebra a criação de um "*homem novo, homem soviético, que pulveriza todos os registros*". Com entusiasmo, Malraux evoca "*os grandes combatentes pela Liberdade*" num discurso em que Stakhanov é posto lado a lado com os soldados do Ano II!*

Sinal dos tempos, a Associação dos Amigos da União Soviética (AUS), fundada em 1927 e presidida por Romain Rolland, encontra-se em plena expansão. O número de seus membros foi de 3 mil em 1932, para mais de 50 mil, em 1936. A tiragem do *Russie d'Aujourd'hui*† (120 mil exemplares) multiplicou-se em quatro anos. A pequena associação prosperou. Encontra-se agora no centro de uma imensa rede de difusão a serviço de uma grande causa: dar a conhecer a

---

* Trata-se do Ano II da Revolução Russa. (N. do T.)
† O Russie d'Aujourd'hui é um suplemento mensal que a Rossiïskaïa Gazeta publicava e ainda publica no jornal francês *Le Figaro*. (N. do T.)

verdade sobre a União Soviética, difundir uma bela imagem do "país dos sovietes".

A sombra dos fascismos pesa sobre as opiniões; porém, também a URSS, melhor do que nenhum outro país, soube guardar seus segredos e passar de si a melhor imagem possível. O que de fato sabemos do que acontece lá? Muito pouco. E os milhares de viajantes ocidentais para quem a URSS abriu suas portas, o que viram do país? Em sua imensa maioria, ao retornar de uma viagem organizada pela associação AUS, com o apoio dos profissionais de recepção da Intourist,* não tiveram a menor oportunidade de se desviar de itinerários impostos, ocupados que estavam em seguir as visitas-demonstração a barragens, fábricas, creches, kolkhozes-modelo, cidades gigantescas saídas do chão em questão de poucos meses. Os que chegavam repletos de certezas — eram a maioria — retornavam satisfeitos. Os outros — uma minoria — voltavam com a desagradável sensação de ter passado longe do que deveriam ter visto. Na verdade, cada qual voltava com a mesma imagem da Rússia que tinha antes de sair em viagem. Partindo no mesmo verão, em viagem individual, como faziam alguns raros privilegiados do mundo literário ou político, percorrendo o mesmo circuito, Georges Duhamel e Alfred Fabre-Luce retornaram com certezas bastante diferentes.[20] As certezas jamais tiveram tão pouca fundamentação. Édouard Herriot, ao cruzar toda a Ucrânia em 1933, momento em que se difundia um dos piores períodos de fome dos tempos modernos, escreve: "*Atravessei a Ucrânia. E afirmo-lhes que o que vi foi um jardim no auge de sua produtividade. Constatei apenas prosperidade*".[21] A cegueira é a coisa do mundo mais bem partilhada: em visita à URSS, alguns viajantes de direita veem ali o reino do trabalhador e descrevem um abominável nivelamento por baixo, justamente quando as

---

* A Intourist foi uma operadora de viagens soviética, e mais tarde russa, fundada em 1929, privatizada em 1992, cuja falência foi decretada em 2019. Era responsável por gerir a visita e os acessos da grande maioria dos visitantes à ex-União Soviética. (N. do T.)

desigualdades sociais se tornam cada vez mais flagrantes, momento em que as autoridades lançam uma ampla campanha contra "*o igualitarismo pequeno-burguês*".[22]

Se os viajantes — e com toda a razão — passam longe da realidade, os raros correspondentes estrangeiros, confinados num hotel moscovita, nada informam a seus leitores sobre a evolução do regime, ainda que seja significativa, ao longo dos dois anos que separam o assassinato de Kirov do primeiro processo de Moscou. Essa morte é pouco comentada. O processo de janeiro de 1935, ao termo do qual Zinoviev e Kamenev são reconhecidos como culpados de "*cumplicidade moral*" pelo assassinato de Kirov, mal foi objeto de *press releases* e não mereceu comentários da parte dos raros jornais franceses que lhe deram nota. O endurecimento da legislação soviética, os sucessivos expurgos do Partido, a escalada das tensões nas empresas, a campanha contra os gestores e os "*burocratas*" — logo, todo o pano de fundo social, econômico e político dos processos de Moscou pura e simplesmente passou em silêncio pelos observadores estrangeiros.

Poucas testemunhas privilegiadas — algumas delas viveram muito tempo na URSS, por vezes tendo enfrentado dificuldades para sair de lá: Victor Serge, Boris Souvarine, M. Yvon, Panaït Istrati — lançam um grito de alarme, descrevem uma Rússia desconhecida, que não corresponde a nenhuma das ideias recebidas: um país onde reina a desigualdade e onde o terror não recai apenas sobre alguns oponentes perigosos. Tratados como caluniadores e renegados pelos propagandistas da AUS,[23] esses vira-casacas, vindos de um outro mundo, não recebem uma compreensão melhor do campo adversário. Sua mensagem é mal transmitida e seu apelo se perde no deserto...

A indulgência de parte da opinião em face de um país que parece estar nos antípodas do fascismo, o desconhecimento geral das realidades soviéticas bem explicam as interpretações fantasiosas e as reações aberrantes em face dos processos de Moscou.

INOCENTES! O "CONTRAPROCESSO" DOS TROTSKISTAS

Em 1936-1938, a única abordagem resolutamente desmistificadora dos processos de Moscou emana do reduzido núcleo de pessoas implicadas de forma direta no caso — Trótski, Sedov e seus seguidores.

Ao longo do primeiro processo, Goltzman confessara ter encontrado Sedov em Copenhague, a fim de receber instruções para o assassinato de Stalin. Quando a declaração de Goltzman foi publicada na imprensa, Trótski rechaçou-a com veemência e de pronto exigiu que o tribunal perguntasse ao acusado com que passaporte e com que nome ele tinha entrado na Dinamarca, informações que poderiam facilmente ser verificadas junto às autoridades de imigração dinamarquesas. Bem entendido, o tribunal se manteve em silêncio quanto a isso, mas os depoimentos dos acusados, nos dias que se seguiram, não mais fizeram alusão a esse episódio. Alguns dias depois, o *Social-demokraten*, órgão do Partido Social-Democrata dinamarquês, observou que o hotel Bristol, onde Goltzman afirmava ter se dado o encontro, não existia desde 1917. A imprensa soviética teve dificuldade em perceber esse deslize. E tacanhamente se saiu dizendo que Goltzman encontrara Sedov no café Bristol, situado ao lado do hotel, numa versão incompatível com a declaração inicial. No encerramento do primeiro processo, Trótski e seus seguidores esforçaram-se para demonstrar publicamente a impostura. Nas semanas que se seguiram, foram formados comitês de investigação sobre os processos de Moscou em inúmeros países: o Comitê de Defesa Leon Trótski nos Estados Unidos, o Comitê para o Direito e a Verdade na Checoslováquia, o Comitê Provisório para a Defesa de Leon Trótski na Grã-Bretanha. Na França, no início de setembro, uma dezena de organizações de extrema esquerda enviou um texto à Internacional Operária e Socialista e à Federação Sindicalista Internacional,[24] solicitando a essas duas organizações que auxiliem na constituição de uma comissão operária internacional de investigação, *"apresentando todas as garantias de imparcialidade, ou seja, de modo independente de Stalin"*. O grupo surrealista é um dos primeiros (e raros) a elevar a voz contra o veredicto. Em 3 de setembro de 1936, André Breton denuncia *"o terrível infortúnio que acomete o socialismo, escarnecido pela macabra encenação do processo"*, atacando Stalin, *"o grande instigador, o principal inimigo da revolução proletária, o falsário e mais indesculpável dos assassinos"*.[25]

Instalado em Paris, Sedov encarregou-se de criar um Comitê de Investigação que reunisse indivíduos conhecidos por sua não adesão ao trotskismo, ou mesmo por sua hostilidade a ele. Pressiona Marcel Martine para que redija um apelo a ser dirigido à *"opinião pública proletária democrática mundial"*. Com o título de *Appel aux Hommes* [Apelo aos homens], o texto é publicado em 20 de outubro, no *La Lutte ouvrière*.[26] Bastante moderado em sua forma e em proposições, foi assinado por algumas personalidades, em sua maioria muito distante do trotskismo, como o filósofo Alain, Paul Rivet, Jean Giono, Victor Marguerite.[27] Entre algumas dezenas de signatários do apelo, raros são os que aceitam ir além de um simples protesto, visando trabalhar ativamente no estabelecimento de uma comissão internacional de investigação. A maioria dos signatários desconfia dos trotskistas, e numerosas dificuldades aparecem já nos primeiros contatos para a formação de um comitê. Um forte conflito opõe os trotskistas a alguns signatários socialistas — Madeleine Paz, em especial —, que temem que os trotskistas se apropriem do comitê e propõem, em vão, o ingresso nele do dirigente menchevique Dan, emigrado em Paris. Finalmente, o comitê[28] é formado no início de novembro. Compõe-se de 22 membros, em sua maioria simpatizantes ou militantes de extrema esquerda.[29] Com exceção de André Breton, não encontramos ali nenhum dos grandes nomes da *intelligentsia* francesa dos anos 1930. Sedov logo publica o seu *Livre rouge sur le procès* [Livro vermelho sobre o processo de Moscou], primeira refutação terminante do processo. Ali ele demonstra as inumeráveis lacunas, contradições e inverossimilhanças do processo. Um processo construído exclusivamente sobre as confissões dos acusados, reunidas segundo o bem conhecido princípio do amálgama. Um processo em que faltam 22 acusados — previa-se que provavelmente 22 homens comparecessem, mas estes, não tendo confessado, não se apresentaram ao público.[30] Como o "*Centro*" poderia funcionar, interroga Sedov, se, durante os anos em que o "*Centro*" supostamente estaria a armar complôs, os acusados estavam ou no exílio ou na prisão?[31] As confissões dos acusados, demonstra Sedov, são uma trama de invenções e de inépcias. Se lhes dermos crédito, na verdade, seria na praça pública que teria sido organizado o assassinato de Kirov.[32] Quanto a esse aspecto, aliás, a acusação de fato não se preocupa em fazer coincidir sua tese com a do processo de janeiro de 1935, no qual apenas quatro acusados (dos 19 condenados à época) tornam a responder pelo assassinato de Kirov. A longa lista dos atentados não realizados — meros crimes de intenção — é absurda. Caso se creia na veracidade das confissões, o que se deve pensar desses homens, todos antigos dirigentes do Partido e do Estado, que — incluídos os policiais — tagarelam sobre projetos criminosos que não recebem nem mesmo um começo de tentativa de execução e incumbem incompetentes desconhecidos de assassinar os dirigentes do país?

Sedov mostra que a única "*prova material*" da acusação, a carta "*terrorista*" de Trótski — descoberta, segundo Vychinski, na divisória secreta da valise de Goltzman —, não passa de uma "*Carta aberta*" publicada em 1932, no *Boletim da Oposição*,[33] em que Trótski escreve simplesmente "*que é preciso realizar o último e urgente conselho de Lênin: eliminar Stalin*".

Após ter, mais uma vez, demonstrado "*o episódio do hotel Bristol*", Sedov relembra a firme condenação expressa por Trótski contra qualquer ato de terrorismo individual, assim como o desacordo político fundamental que, há muitos anos, fez Trótski se opor aos principais réus do processo, por ele considerados *"capituladores frouxos"*.[34]

Enfim, o *Livro vermelho* traz a primeira explicação de caráter geral sobre o significado do processo. Para os trotskistas, essa paródia judiciária é um *"ato de gangsterismo político"*, uma imensa maquinação montada pela nova burocracia termidoriana e, mais exatamente, por seu apêndice autônomo, a polícia política, instrumento pessoal de Stalin, esse Bonaparte em potencial, esse *"novo chefe de um Estado nacional, com o qual a burguesia agora pode e deve contar"*. A maquinação visa todos os verdadeiros revolucionários, todos os *"bolcheviques-leninistas"*, na primeira fileira dos quais encontra-se Trótski, verdadeiro defensor do proletariado soviético e internacional. Sedov conclui: *"Pela tentativa de matar politicamente Trótski e pelo assassinato de 'velhos bolcheviques', Stalin com toda a certeza pretende abrir para si as vias que levam à reação"*.

No momento em que é lançado o *Retour de l'*URSS [*Regresso da* URSS], de André Gide, o livro de Sedov — algumas centenas de exemplares — não sai do círculo restrito dos já convertidos. O *"Comitê Francês para Investigação sobre o Processo de Moscou"* realiza algumas reuniões, mas o público é muito reduzido. A esquerda não comunista recusa-se a tomar parte no *"combate pela verdade"*.[35] A principal atividade do comitê será a de reunir dezenas de testemunhos que desmentissem as declarações dos acusados. Em março de 1937, esses testemunhos serão transmitidos à comissão de investigação formada nos Estados Unidos.[36]

Na verdade, o Comitê Americano para a Defesa de Leon Trótski conseguiu reunir grande número de intelectuais de prestígio.[37] Em fins de março, constitui-se em Nova York a *"Comissão de Investigação Internacional sobre as Acusações Levantadas contra Leon Trótski no Processo de Moscou"*. Presidida pelo filósofo John Dewey, ela reúne personalidades conhecidas por sua integridade moral e seu apego à democracia no movimento operário: o veterano comunista francês Alfred Rosmer, os revolucionários alemães Wendelin Thomas e Otto Rühle, companheiros de Karl Liebknecht, o anarcossindicalista italiano Carlo Tresca, os universitários americanos John R. Chamberlain, Edward Ross, Suzanne La Follette. Em 2 de abril, uma subcomissão, liderada pelo próprio John Dewey, parte para o México a fim de entrevistar Trótski em pessoa, que havia pouco se instalara perto da capital daquele país. O relatório da comissão de investigação, publicado em setembro de 1937 num grosso volume intitulado *Not Guilty!* [*Inocente!*], demole a tese da acusação dos dois processos de Moscou em pontos capitais (ver texto anexo)[38] e conclui:

— "*que Trótski jamais preconizou, urdiu ou tentou uma restauração do capitalismo na* URSS;
— que o procurador falsificou de maneira espantosa o papel de Trótski antes, durante e depois da Revolução de Outubro;
— que os processos de Moscou são imposturas;
— *que Trótski e Sedov são inocentes*".[39]

As conclusões da comissão de investigação constituem-se numa grande vitória moral para o pequeno grupo daqueles que, desde o início, procuraram demonstrar a impostura dos processos, diante de uma *intelligentsia* "progressista" que duvida, hesita, se cala e, por fim, concorda com os clichês propostos por Dimitrov, dirigente da Internacional Comunista, que havia pouco saíra das prisões nazistas: "*Não podemos apoiar com honestidade o povo espanhol em luta contra o fascismo e ao mesmo tempo sairmos em defesa de um bando terrorista na* URSS, *bando que auxilia o fascismo. Aqueles que, de forma direta ou indireta, apoiam os terroristas contrarrevolucionários na* URSS *no fundo servem igualmente ao fascismo espanhol, neutralizando a luta do povo espanhol e facilitando a sua derrota*".[40]

A INTELLIGENTSIA *DE ESQUERDA* E OS PROCESSOS DE MOSCOU

Em sua totalidade, a *intelligentsia* de esquerda hesita em tomar partido naquilo que parece a alguns um ajuste de contas entre trotskistas e stalinistas. "*Quanto a nós*", escreve Jean Ghéhenno no semanário de esquerda *Vendredi*, no qual se expressam os intelectuais conquistados pela Frente Popular,* "*não temos que ser nem stalinistas nem trotskistas: essas são questões especificamente russas.*"[41]

Para a Liga dos Direitos do Homem, o primeiro processo de Moscou não é um novo caso Dreyfus. "*A vergonha que todos temos do erro judiciário*", declara o advogado Rosenmark no relatório que a Liga havia se encarregado de estabelecer sobre o primeiro processo, "*só existe se o acusado nega o seu crime, se brada até o fim sua inocência... Se o capitão Dreyfus tivesse feito confissões, não teria existido o caso Dreyfus.*"[42]

O relatório da Liga dos Direitos do Homem, publicado em 15 de novembro de 1936, concluiu a culpa dos acusados. Para grande número de intelectuais, assim como para uma ampla fração da opinião pública, modelada pela imprensa, as confissões dos acusados são, sem a menor dúvida, uma prova de culpa. Tal é a posição de Romain Rolland, que em 1934 assumiu uma posição firmemente contrária à expulsão de Trótski da França: "*Não tenho razão alguma para duvidar das condenações que atingem Zinoviev e Kamenev, personagens há muito desprezados, duas vezes renegados e traidores de suas próprias promessas. Não vejo de que modo podemos rejeitar como inventadas ou arrancadas as declarações dadas publicamente pelos acusados*".[43]

Numerosos são os intelectuais "*progressistas*" para os quais os processos não tornarão a questionar as "*escolhas fundamentais*".

---

* A Frente Popular da França foi uma coligação política composta por socialistas e comunistas, formada em dezembro de 1935. Em maio do ano seguinte, venceu as eleições parlamentares e, com isso, elegeu o primeiro-ministro Léon Blum, mantendo-se no poder até 1938. (N. do T.)

Augustin Hamon explica que "*na luta entre os capitalistas fascistas e os anticapitalistas democratas, é preciso estar de um lado ou de outro da barricada. Ainda que se provasse para mim que os dezesseis fuzilados do processo de Moscou fossem inocentes, eu não seria menos defensor da* URSS *e de seu governo, pois considero que foi capaz de construir o socialismo*".[44] Parafraseando Stendhal ("*é preciso matar três homens para salvar quatro*"), o romancista Jean Prévost invoca uma razão de Estado para justificar os processos.[45] Para André Malraux, "*assim como a Inquisição não atingiu a dignidade fundamental do cristianismo, os processos de Moscou não diminuíram a dignidade fundamental do comunismo*".[46] Desse modo, Louis Guilloux explicou a atitude de certos intelectuais de esquerda em face dos processos de Moscou (pelo menos dos dois primeiros — a esquerda não comunista se tornará muito mais cética a partir da segunda metade de 1937): "*No momento em que se iniciavam os processos de Moscou, nada se sabia do que se passava na* URSS. *Havia a manifestação do 14 de Julho com a Frente Popular. Na Espanha, havia Franco. E tudo isso ao mesmo tempo. Partia-se de uma razão excelente: a* URSS *era o país em que os soviets tinham tomado o poder e o conservado*".[47] Jean Guéhenno se diz "*angustiado com a leitura dos horríveis processos*", mas mantém "*toda a sua estima pela grande obra socialista que o governo de Stalin está realizando*". E, finalmente, como tantos outros, ele se recusa a tomar partido: "*Todo o esforço voltado a paralisar ou destruir esse admirável trabalho vai sempre parecer criminoso, e se o trotskismo é esse esforço, o trotskismo é um crime. Ocorre que tal processo avilta o homem, os acusados e os juízes. E em toda essa questão tem-se por demais astúcia e mistério*".[48]

Na Grã-Bretanha, assim como nos Estados Unidos, a *intelligentsia* de esquerda se recusa a crer que Stalin teria cometido tão monstruosa farsa. George Bernard Shaw equipara Trótski a Stalin: "*Parece-me impossível tanto considerar Stalin um gângster vulgar quanto ver em*

Trótski um assassino vulgar". Para o *New Statesman*,* "*as confissões contêm, sem a menor dúvida, um imenso fundo de verdade*".⁴⁹ O correspondente do *New York Times* em Moscou, Walter Duranty, está convencido da culpa dos acusados, assim como o embaixador dos Estados Unidos em Moscou, Joseph E. Davies.⁵⁰ A *The Nation*,† "mentora" da *intelligentsia* da esquerda americana, publica um manifesto assinado por 28 intelectuais, atacando a "*tendenciosidade trotskista*" da Comissão Dewey, enquanto L. Fisher, correspondente da *The Nation* na Europa, escreve: "*A constituição da* URSS *inaugura uma nova era na história: prova disso é a imparcialidade com que ela tem conduzido o processo de Moscou*".⁵¹

Ao final de outubro de 1936, a publicação do pequeno volume de André Gide, *Regresso da* URSS, explode no céu sereno dos intelectuais de esquerda, dos "*companheiros de estrada*" e dos "*amigos da* URSS". A obra de Gide, no entanto, é comedida, com uma dosagem equilibrada de elogios e críticas. Gide reconhece que progressos foram realizados, mas está horrorizado com o condicionamento psicológico, verdadeiro "*segredo*" da "*felicidade soviética*". Tendo ido à URSS para encontrar ali "*seres novos, libertos da tirania do dinheiro*", descobre outra forma, ainda mais grave, de alienação. É então que escreve esta frase sacrílega: "*Duvido que em qualquer outro país da atualidade, mesmo na Alemanha de Hitler, o espírito seja menos livre, mais temeroso, mais subjugado*". Gide não fala dos processos de Moscou, não assina nenhum texto de protesto, não menciona as detenções em massa, mas essa mera alusão ao reino do medo já vale para que ele seja imediatamente catalogado como "*renegado*" pelos "*amigos da* URSS".

---

* A *New* Statesman é uma revista semanal britânica, fundada em 1913 e sediada em Londres. Com viés de centro-esquerda, entre seus quadros conta com muitos membros da Sociedade Fabiana, organização socialista não marxista, mas sim reformista e gradualista, calcada nos princípios da social-democracia. (N. do T.)
† A *The Nation* é uma revista semanal americana sem fins lucrativos, fundada por abolicionistas em 1865. Voltada a temas políticos e culturais, autodefine-se como a "bandeira da esquerda" (N. do T.).

Entretanto, o testemunho de Gide, notório militante antifascista, perturba a boa consciência de inúmeros intelectuais de esquerda, a qual repousa num silogismo simplista (*Stalin = antifascista, ou Trótski faz oposição a Stalin, logo Trótski é — objetivamente — aliado ao fascismo*) e, como apontou também Louis Guilloux, repousa numa profunda ignorância da realidade soviética. Em meio à vitória da Frente Popular, o *Regresso da* URSS lança um debate apaixonado sobre a natureza da URSS, um debate estimulado pelos acontecimentos extraordinários e incompreensíveis que são os processos de Moscou. Doravante, cada campo produzirá seus testemunhos: entre 1936 e 1938, dezenas de testemunhos e relatos de viagem ao país dos sovietes são publicadas na França.[52] Em meio a essa polêmica, os processos de Moscou se tornam cada vez mais pretextos para a extrapolação. Dificilmente vai se buscar analisar a função deles, menos ainda compreender os mecanismos ideológicos, sociais ou econômicos que lhes subjazem. Antes de tudo, servirão de argumentos passionais no âmbito exclusivo das lutas políticas francesas, suscitando comentários estereotipados da parte de cada campo. A esse respeito, os comentários vindos da imprensa e dos meios políticos franceses são bastante reveladores.

OS PROCESSOS DE MOSCOU PELO PRISMA DA IMPRENSA FRANCESA

Na grande movimentação do verão de 1936, o primeiro processo ocupa um lugar mais do que honroso. Boa parte dos jornais dedica muitas colunas ao acontecimento. Entretanto, os jornalistas parecem desorientados quando se trata de comentar o processo e costumam se reportar ao "comentário" da agência Havas, amplamente reproduzido: "*Os debates caminham para um imbróglio de confissões e meias confissões, de negações parciais de detalhes sem interesse... Assim como nos debates anteriores, os acusados defenderam-se de nuances de interpretação, de doutrina e tonalidades de intenção que só mesmo os iniciados na atividade revolucionária russa seguiram com interesse... Não parece haver dúvidas de que a acusação fosse, em parte, fundamentada. No entanto, é impossível dizer em que medida o seria".*[53] Uma reduzida minoria de jornais,[54] tanto de direita como de esquerda, expressa a sua convicção sobre a inocência dos acusados. De modo geral, a imprensa adota alguma reserva: "*Quem vai saber? Não se sabe, não há como saber*", escreve o *L'Intransigeant,*• resumindo a opinião da maior parte dos observadores.

A reação da imprensa mostra-se um pouco mais viva em janeiro de 1937. As confissões dos acusados despertam um pouco mais de ceticismo: "*Eu sou culpado, tu és culpado, ele é culpado... A série de confissões prossegue em Moscou*", escreve o *Le Journal*.[55] Mas o *Le Temps*, respeitado jornal de informação, a exemplo de muitos outros, avalia que as confissões dos acusados pré-julgam a sua culpa, "*ainda que certas confissões de fato pareçam inverossímeis*": "*Os acusados estão todos de acordo em reconhecer como fundamentadas as acusações levantadas contra eles. É indubitável que os acusados organizaram atentados contra os atuais líderes do Partido e do governo soviético, que eles queriam produzir um vácuo para tomar o poder, e que entre eles e o grupo de stalinistas travava-se uma luta de morte em que vidas humanas eram negociadas a um preço vil*".[56] No altamente respeitável *Journal des Débats*, Albert Mousset recorre a Dostoiévski para "explicar" sua incapacidade de tomar partido: "*É difícil ter ideia da inocência ou culpa dos fuzilados de Moscou. Voltemos ainda a Dostoiévski, que afirmou: 'É só mesmo entre nós que o mais astucioso canalha pode ser honesto de maneira profunda e mesmo sublime, sem deixar de ser canalha'*".[57]

• *L'Intransigeant* foi um jornal francês que circulou de 1880 a 1940. Se de início representava a oposição de esquerda, moveu-se para a direta ao final dos anos 1880, vindo a se tornar um jornal de direita importante nos anos 1920. (N. do T.)

A imprensa, em sua maior parte, reconheceu que as confissões são "*extravagantes*", "*estranhas*", "*surpreendentes*", "*desconcertantes*", e pelo menos seis jornais[58] julgam inocentes os acusados. As confissões continuam a perturbar a opinião: "*Se de fato não houvesse nada que os recriminasse, Piatakov, Radek e os outros quinze, que sabem muito bem o que os espera, se acusariam, em face da morte, de crimes imaginários?*", escreve o L'Œuvre. "Então, escreve um jornalista de um diário de província, que bem resume a impressão geral, *já não se entende mais nada. Fabricam-se hipóteses para tentar explicar o fenômeno, para conformá-lo à razão. E não se encontra nada. E continuamos confusos como diante de um mistério.*"[59] O terceiro processo marca uma ruptura. Dessa vez, o ceticismo prevalece: "*Todos os acusados tagarelam suas monótonas confissões...*"; "*Os acusados de Moscou confessam histórias extravagantes, uma atrás da outra...*"; "*Prossegue a aterradora confissão dos acusados...*".[60] Os episódios do assassinato de Gorki, da traição de Yagoda, da conjuração de Bukharin contra Lênin são amplamente retomados por toda uma imprensa sensacionalista ("*Os réus são acusados de ter desejado assassinar Lênin [sic]*", "*Yagoda queria ser o Hitler da* URSS" etc.) e aparecem como farsas sinistras de um número macabro do Grand Guignol.* "*Esse processo alarga as fronteiras do inverossímil. Ultrapassa tudo o que se poderia imaginar. Edgar Allan Poe e todos os autores do Grand Guignol jamais ousaram ir tão longe em se tratando de palinódias alucinantes, de suspeita de terrorismo, de perversão moral, de decomposição mental.*"[61] O processo não passa de um caso de loucura: "*As grandes sessões de Salpêtrière dedicadas, pelos psiquiatras do século passado, aos fenômenos da histeria e da autossugestão não são nada comparadas aos processos de Moscou*".[62] De maneira mais sóbria, o editorialista do Progrès expressa o juízo de todo homem provido de

---

* O Théâtre du Grand Guignol, conhecido e aqui referido como Grand Guignol, foi um teatro especializado em espetáculos voltados à morte, violência, suplício e tortura, que funcionou de 1897 a 1962 na região do Pigalle, em Paris. (N. do T.)

razão: "*Não é razoável que os 21, o presidente do Conselho, os ministros ao longo dos anos, os militantes de primeira hora, os companheiros de Lênin tenham traído, sabotado, espionado, assassinado, e não depois de vinte anos, mas durante o próprio decorrer de sua administração, no momento em que faziam a revolução*".[63]

Comunistas à parte, em 1938, em geral não mais se acredita em confissões. Sua inverossimilhança desafia a razão. Mas como então explicar o que se passa em Moscou? As respostas são numerosas, contraditórias, superficiais, irracionais. Prontamente se reconhece que é difícil encontrar uma explicação satisfatória para esses "*acontecimentos extraordinários*". "*Em resumo*", diz o despacho da agência Havas, por ocasião do fim do processo de agosto de 1936, "*essas horas de audiência não trouxeram nenhum elemento de resposta, e a inteira questão continua a ser a de saber qual a razão profunda desse processo*". "*Nem na versão anterior, nem na atual*", escreve Georges Bidault no *L'Aube* em 30 de janeiro de 1937, "*percebo explicação que seja provável, nem mesmo concebível.*"[64] Para o editorialista do *Temps*, o processo de Bukharin será por muito tempo um "*enigma*": "*As rivalidades pessoais, os ódios de homem a homem, a paixão revolucionária mais exasperada não bastam para explicar todo o quadro, e por muito tempo a tragédia russa se manterá um enigma para os que buscam fixar a verdade, cujo único desejo é conhecer a História imparcial*".[65]

Um sem-número de jornais, sobretudo de direita, procura compreender os processos ao invocar a "*tradição tsarista*", o "*mistério*", a "*barbárie*" de uma Rússia asiática. Para Georges Duhamel, os processos são "*um desses mistérios incompreensíveis*" que "*vêm mais uma vez ensanguentar a Rússia*". O *Excelsior* lembra a seus leitores que "*a Rússia é também a Ásia, com todo o seu mistério*".[66] Para o *Le Figaro*, "*com esse processo, a Rússia retorna ao tsarismo puro e simples, sendo, porém, o mais feroz, o mais remoto, o mais asiático tsarismo*".[67] E o *Le Temps* explica: "*Não se deve esquecer que os conflitos e as revoluções de palácio são da tradição russa... A cada página da história russa, encontram-se conspiradores e tentativas de assassinato não raro afogadas em sangue... Parece que esse infeliz país está fadado, por sua própria estrutura e pela enorme confusão entre as ideias e paixões desencadeadas em seu povo, às intrigas tenebrosas, às desesperadas demonstrações de força e aos dramas sangrentos que se desenrolam à sombra do Kremlin"*.[68] Quanto às confissões, explicam-se pela "*alma eslava*": "*A quais arcanos da alma eslava não somos levados pelo masoquismo dos acusados, que com suas confissões, atraem para si o rigor implacável do tribunal ao mesmo tempo em que para seus olhos um não sei quê de grandiosidade fanática e satânica?*", interroga-se o Le Petit Journal.[69] "*O temperamento russo é o do gosto pela confissão exagerada, pela humilhação, pelo embrutecimento, pela abjeção, pela necessidade de sofrer...*"[70]

Os processos de Moscou, avalia a maior parte dos jornais, revelam verdadeiramente a existência de uma potente oposição a Stalin: "*Esses processos mostram que o partido bolchevique é profundamente minado pela oposição. Mas o país o é ainda mais*".[71] Essa crença explica que, mesmo que não se tome as confissões ao pé da letra, durante muito tempo entendeu-se que os acusados têm uma parcela de responsabilidade. Essa "*oposição*" é, de modo geral, mal definida, sobretudo pela imprensa de direita, que fala num "*acerto de contas entre as pessoas daquele meio*", de uma "*luta de morte como as que os lobos travam entre si*", de uma "*batalha de feras sobre a qual paira o assustador estado de decomposição em que se debate a* URSS".[72] "*Que Stalin seja obrigado a massacrar todo o seu séquito*", escreve o editorialista do Candide, "*isso prova que a Rússia encontra-se horrivelmente dividida, que a revolta ali está a ressoar permanentemente, que o poder do amo está à mercê de um mero empurrão, de uma rebelião de sua guarda palaciana.*"[73] Aos olhos da imprensa de direita, Stalin, "*esse homem em que 170 milhões de escravos aterrorizados veem uma reencarnação de Ivan, o Terrível*", "*esse organizador-chefe das sinistras farsas de Moscou*" não passa de um "*sátrapa demente e sanguinário", de um "louco a dispor de um poder enorme e de tempos em tempos sujeito a crises de delírio".*[74]

A oposição é o trotskismo, afirmam alguns jornais, que superestimam em ampla medida a força dessa corrente: *"A gangrena trotskista ameaçava já os centros vitais do organismo soviético"*, escreve em agosto de 1936 o *L'Écho*.[75] Para o *Le Temps*, *"o trotskismo ainda é poderoso no território da* URSS. *Ele se esconde nos sindicatos, nos escritórios, nas administrações, nas antecâmaras e nos gabinetes dos comissários do povo. Stalin, Vorochilov, os generais do Exército Vermelho sentem-no à espreita ao redor".*[76]

Alguns jornais, enfim, retomam os temas de *Révolution trahie* [A revolução traída] (obra publicada em 1936). A Revolução Russa encontra-se então em seu Termidor. Stalin, o *"coveiro da revolução"*, *"abandonou o leninismo em todas as esferas: social, nacional. Ele se orienta para a constituição de uma república russa bonapartista, violentamente nacionalista, francamente imperialista e bastante militarizada"*.[77] Ele busca uma legitimidade: *"Stalin sabe que corre o risco de ser acusado, pela opinião russa, de ter traído a revolução. Ele quer provar que são os seus adversários que a traem, associando inteligência a seus piores inimigos"*.[78] No fim das contas, os processos simbolizam a liquidação do bolchevismo: "O sr. Stalin", escreve o editorialista do *Temps* num artigo que parece fazer a apologia dos processos, *"sabe perfeitamente o que quer e para onde vai. Ele aferiu a inanidade da pura ideologia marxista e do mito da revolução universal. Como um bom socialista, mas antes de tudo um patriota russo, ele sabe do perigo que essa ideologia e esse mito correm em seu país. Provavelmente o seu sonho é o de um despotismo esclarecido, de uma espécie de paternalismo bastante afastado do capitalismo, mas bastante afastado também das quimeras do comunismo"*.[79] Em termos mais imagéticos e menos respeitosos, o *L'Écho* expressa essa mesma ideia: *"Sem querer, o georgiano de testa pequena faz companhia a Ivan, o Terrível, a Pedro, o Grande, e a Catarina* II. *Os outros, a quem ele massacra, são os revolucionários que se mantêm fiéis à fé diabólica, neuróticos dominados de um ódio permanente de destruição"*.[80]

Em plena Frente Popular, os processos de Moscou não podiam deixar de cair no domínio exclusivo das lutas políticas francesas. Os relatórios dos processos, as explicações propostas, tornam-se cada vez mais um pretexto para a extrapolação, num momento em que ganha corpo uma ampla polêmica sobre a natureza da URSS.

Vinte anos depois da campanha contra "*o homem com a faca entre os dentes*", os processos de Moscou fornecem à direita francesa a oportunidade de ancorar o anticomunismo num terreno específico e se aproveitar ao máximo de um fenômeno obscuro, longínquo, sinistro, que ela não procura explicar racionalmente, mas que a conforta em sua imagem já acabada do comunismo. Para o *L'Émancipation*, o processo de agosto de 1936 "*não passa de um terrível tira-gosto do destino comunista*". O *Le Figaro* vê no processo de março de 1938 "*o fruto natural, lógico e inevitável do sistema bolchevique, essa ditadura do assassinato, do roubo e da ignorância, essa doutrina da subjugação do homem*".[81] Para a direita, os processos são a ocasião para se denunciar o pacto de assistência mútua assinado em 1935 por Laval ("*Compramos o vazio!*", exclama Pierre Gaxotte) e se atacar violentamente o apoio concedido à maioria governamental pelos comunistas franceses, qualificados como "*fornecedores de algozes*",[82] "*homens que até mesmo se dizem franceses, mas deixam nas botas do Pai dos Povos o sangue ainda quente dos companheiros de Lênin*".[83] Os processos de Moscou inflamam o anticomunismo militante. Da mesma forma, contribuem para a difusão de um anticomunismo latente, que conquista uma parte da opinião, aquela que se informa pela "grande imprensa"; "*é belo, o regime soviético! Deve inspirar confiança no exterior, o regime! E dizer que ainda há nacionalistas franceses que pedem que sejam celebrados acordos com um regime à frente do qual se encontram tais indivíduos!*".[84]

REAÇÕES: DA CREDULIDADE À DESMISTIFICAÇÃO

Se a direita vê nos processos de Moscou uma confirmação de suas ideias sobre a União Soviética, a esquerda não comunista, por sua vez, encontra-se incomodada com o que acontece em Moscou. Já referimos a atitude ambígua de certos intelectuais de esquerda. As reações da imprensa de esquerda refletem uma *"perturbação"*, é verdade. De maneira significativa, os jornais de esquerda dedicam aos processos muito menos espaço que os outros jornais, demonstram menos curiosidade pelos aspectos mais perturbadores, não propõem explicação alguma e, de modo geral, mantêm uma grande distância dos acusados e de seu destino. *"Hoje em dia"*, escreve o *Le Populaire* após a execução de Zinoviev e de Kamenev, *"pode-se dizer que ainda há um mal-estar"*.[85] O mesmo eufemismo é encontrado nos comentários do *Petit Provençal* sobre o segundo processo: *"Um lampejo, no entanto, desprende-se desses julgamentos sombrios: nem tudo vai bem no país dos sovietes"*.[86] Para a imprensa de esquerda, no entanto, parece um ponto pacífico que as relações exteriores da França não devem ser influenciadas pela crise interior que perpassa a URSS.[87] O processo de Bukharin suscita as "interrogações inquietas" do *Populaire*: *"O que então, nessa realidade social da Rússia dos sovietes determina também as abomináveis retratações coletivas? O que leva tantos homens renomados a realizar atos que esfacelarão sua glória e os condenarão ao desprezo de todos? Sim, o quê?"*.[88] Léon Blum, que após um longo silêncio expressou suas dúvidas sobre a veracidade das confissões — *"esses fatos que nossa razão se recusa a admitir"* —, declara-se *"arrasado"*, *"desolado"*, por esse processo *"que perturba a* Rassemblement Populaire,* contraria o trabalho de unidade e fornece um argumento às campanhas da reação nacional e internacional"*.[89] Violentamente atacado no *L'Humanité* por Marcel Cachin, que lhe desaprova a sua *"injuriosa dúvida"*, Léon Blum responde em tom mais

---

* A Rassemblement Populaire [Assembleia Popular] foi um agrupamento de 99 organizações e partidos de esquerda, que realizava grandes manifestações no período 1935-1936, período em que também publicou seu programa. (N. do T.)

moderado: "*O processo de Moscou deu ao* L'Humanité *a oportunidade de atacar o* Le Populaire... *Essa atitude é contrária aos compromissos do pacto de unidade de ação. Quanto a nós, fiéis a esse pacto, recusamo-nos a entrar em polêmicas com o nosso confrade*".[90]

Essa recusa à polêmica de fato conduz a uma recusa em analisar de maneira racional e crítica a situação da URSS e a natureza do poder stalinista. Para os socialistas franceses, como para seus camaradas austríacos e alemães, os processos não poderiam tornar a comprometer o caráter socialista e proletário do regime soviético. Com relação a isso, a atitude prudente e reservada dos socialistas franceses, engajados em sua Frente Popular com os comunistas, contrasta com a atitude mais "*ofensiva*" dos trabalhistas britânicos, e em especial com a ala esquerda do Labour Party.[91] E não é menos verdade que, durante os dois anos que vão do primeiro processo aos acordos de Munique, a fé na União Soviética da parte de numerosos "*companheiros de estrada*", intelectuais de esquerda ou simples "*simpatizantes*", encontra-se duramente abalada. No período de 1937-1938, a polêmica lançada pelo *Regresso da* URSS continua a se espalhar, e a bela imagem do país dos sovietes sofre incessantemente novos ultrajes, com a publicação dos relatos de viagem de Dorgelès (*Vive la liberté!* [*Viva a liberdade!*]), de Jean-Gérard Fleury (*Un homme libre chez les Soviets* [*Um homem livre entre os sovietes*]), Herbart (*En* URSS [*Na* URSS], 1936) e Céline (*Mea Culpa*). Os importantes testemunhos do trabalhador Yvon (*Ce qu'est devenue de la Révolution russe* [*O que foi feito da Revolução Russa*]) e do minerador Kléber Legay (*Un mineur français chez les Russes* [*Um minerador francês entre os russos*]) sobre a condição trabalhadora soviética são um grande sucesso, e entre os meios trabalhistas provocam tantos estragos quanto o livro de André Gide entre os intelectuais. As inúmeras *Réponses à André Gide* [*Respostas a André Gide*], publicadas no *Russie d'Aujourd'hui*, a desastrada *Réponse à K. Legay* [*Resposta a K. Legay*], de F. Grenier, secretário geral da AUS, não permitem aos "*companheiros de estrada*" reconquistar o terreno perdido, apesar do apoio que lhes confere o sociólogo Georges Friedmann no início de 1938, numa alegação hábil e matizada em favor da União Soviética (*De la Sainte Russie à l'*URSS [*Da Santa Rússia à* URSS]). A tentativa, por Friedmann, de explicar os atrasos, erros e dificuldades do regime soviético pela pesada herança da "*Santa Rússia*" não é convincente, e menos ainda é seu paralelo entre os acusados nos processos, que ele julga culpados, e os traidores da Revolução Francesa.[92]

Pouco a pouco, a *intelligentsia* de esquerda se afasta da União Soviética, os "*companheiros de estrada*" deixam a AUS sem fazer alarde, mas, na ausência de uma análise, os protestos da esquerda se mantêm bastante tímidos. Por ocasião do terceiro processo, um comunicado da Liga dos Direitos do Homem[93] e uma resolução da comissão administrativa permanente da Seção Francesa da Internacional Comunista (SFIC) endereçados ao governo soviético expressam tão somente o desejo de que "*todas as garantias sejam dadas aos acusados para assegurar sua defesa e de que nenhuma sentença de morte seja proferida*".

Ante os ataques cada vez mais violentos da direita e a propagação da "*injuriosa dúvida*" entre as fileiras da esquerda, comunistas e amigos da União Soviética fiéis à sua pátria de adoção mantêm-se unidos e exigem uma aprovação sem reservas à política stalinista.

Ao final do primeiro processo, aparece no *L'Humanité* a seguinte declaração do Comitê Central do Partido Comunista Francês (PCF): "*Foi com indignação que o povo francês ficou sabendo das tentativas criminosas perpetradas pelos maltrapilhos dos grupos trotskistas-zinovievistas, que buscaram trabalhar em cooperação com os agentes da Gestapo, a fim de eliminar os amados chefes dos trabalhadores e dos camponeses russos e, em primeiro lugar, o camarada Stalin. A vigilância dos povos da* URSS, *unida em torno do Partido Bolchevique e de seu Comitê Central, fez com que essas tentativas criminosas fracassassem, tendo sido os próprios acusados, mortos de vergonha, a solicitar que lhes fosse aplicada a pena de morte. Essa vem a ser uma boa resposta àqueles que, por ocasião desse processo, tentaram retomar suas velhas calúnias contra a democracia da União Soviética...".*[94]

Durante os debates a que o *L'Humanité* deu ampla cobertura,[95] o órgão do PCF esforçou-se por apresentar o processo como um ato de autêntica justiça popular no "*país mais democrático do mundo*". "*É diante de milhares de delegados de fábrica que se desenrola um processo cujos juízes são antigos trabalhadores escolhidos entre os trabalhadores.*" O veredicto é recebido "*com uma enorme satisfação por milhões de trabalhadores que bradam seu ódio aos ignóbeis espiões e seu amor pela paz*".[96]

Dez dias após o fim do segundo processo, uma declaração do PCF exprime a sua "*plena aprovação*" do veredicto: "*Nenhum juízo pode ser severo demais quando se trata de evitar a ação nociva de criminosos e traidores que procuram destruir a grande obra da libertação humana da União Soviética*". O comitê central "*felicita a justiça do povo soviético em ter prestado um grande serviço à França. A seita trotskista não teria tentado, na própria França, prestar auxílio aos alvos fascistas, frustrando a política do Partido Comunista?*".[97] Para o processo de janeiro de 1937, Marcel Cachin e Paul Vaillant-Couturier foram a Moscou acompanhar os debates. De Moscou, Vaillant-Couturier telegrafa ao *L'Humanité* a sua explicação para a traição dos companheiros de Lênin: "*Espiões, pois são trotskistas. Trotskistas, pois são espiões... Esses criminosos não recuam nem ante o assassinato de crianças...*". Quanto às confissões, elas se explicam pelo fato de que "*os acusados já não nutriam nenhuma das convicções de que são feitos os homens: foram vencidos, e com eles a causa ignóbil pela qual cometeram traição. Eis o motivo de terem confessado*".[98] De retorno a Paris, em fevereiro de 1937, na Sala Wagram, Marcel Cachin e Paul Vaillant-Couturier presidem uma grande "*reunião de explicação*" sobre o processo de Moscou. O público aplaude de pé o veredicto.

Pouco depois, a AUS publica uma brochura: *Guerra, sabotagem, traição — o processo do centro de reserva trotskista*.

Por ocasião do terceiro processo, o *L'Humanité* emite um novo comunicado do Comitê Central.[99] Esse texto polêmico busca menos proporcionar uma imagem idealizada da luta travada pela URSS do que responder às objeções e confundir aqueles em cujo espírito se insinuava a dúvida. Muitas organizações são atacadas: a Internacional Operária Socialista (IOS), a Federação dos Socialistas Independentes (FSI), a Seção Francesa da Internacional Operária (SFIO),* assim como "*todos os jornalistas, os políticos que se puseram às ordens dos fascistas Doriot, Laval e Mussolini*".[100] Em paralelo com os minuciosos relatórios do processo, o *L'Humanité* publica, ao longo de várias semanas, fotos que ilustram um dos aspectos das "*magníficas realizações do povo no poder*": o canal Moscou-Volga, uma garota a cavalo (legenda: "*A equitação, que, em Paris é apanágio das crianças ricas de Passy,† é prática disseminada na* URSS"), camponês idoso e sua filha no kolkhoz "A Estrela Vermelha", trabalhadores da fábrica Clara Zetkin, manifestando o seu entusiasmo pelo regime soviético etc.[101]

O advogado antifascista Marcel Willard, contratado pela AUS, viajou para assistir ao processo de Bukharin e seus cúmplices. Seu testemunho se faz amplamente difundido numa brochura da AUS, em 1938, sob o título de *Comment ils ont avoué* [*Como confessaram*]. Eis algumas passagens: "*Em nenhum outro país, até onde sei, os acusados teriam tais meios a seu dispor. É evidente que o ato de acusação lhes foi notificado em tempo útil. O presidente lhes recordou publicamente o seu direito à assistência de defensores à sua escolha. Os acusados são livres para se explicar, alguns deles com vivacidade, outros com uma fleuma que por vezes chega ao cinismo. Eles formaram seus dossiês, redigiram suas*

---

* Respectivamente, a L'Internationale ouvrière socialiste (IOS), a Fédération des Socialistes Indépendants (FSI) e a Section Française de l'Internationale Ouvrière (SFIO). (N. do T.)
† Passy é um bairro elegante e rico de Paris, localizado no 16o arrondissement. (N. do T.)

declarações, muitas vezes por extenso, e têm o direito de lê-las em público. Eles falam como bem lhes parece, sem serem interrompidos... O seu direito à expressão é inegociável. Com uma calma, com uma gentileza, com uma paciência exemplares, o promotor os interroga e os deixa bem à vontade para responder ou se recusar a responder... Nenhum deles se retratou. Melhor que isso, houve aqueles que aprofundaram suas confissões, complementando-as com detalhes inéditos ou com o relato de fatos que haviam ocultado na instrução. E eu sou capaz de desafiar os que não creem na autenticidade das confissões a explicar tudo isso. Uma única explicação é possível: os 21 homens confessaram porque não podiam negar o inegável. Os juízes de Moscou têm todo o direito à nossa gratidão. Ao sacrificar, pela segurança de um povo, pela segurança solidária dos povos, a vida de um punhado de inimigos públicos, eles fizeram por merecer a paz indivisível e de todo o universo".[102]

O ESQUECIMENTO E A DESMISTIFICAÇÃO

Delírio anticomunista de uns, paralisia intelectual de outros, adesão incondicional às teses stalinistas da parte de terceiros, todas as atitudes que, às vésperas da guerra, impedem qualquer esboço de análise racional dos processos de Moscou. De fato, esse evento-espetáculo, que, no limiar do Grand Guignol, fascina o Ocidente, é também um evento-fogos de artifício. É de forma durável que ele virá a desviar a atenção do que se passa na realidade, do que está por trás de tudo. Nas mídias da época, em vão se buscará a menor alusão à "yezhovshina", ao expurgo do Partido, às detenções maciças de dezenas de milhares de cidadãos soviéticos anônimos. As sensacionais confissões dos "velhos bolcheviques", os alambiques dos "*envenenadores do Kremlin*" por muito tempo ocultarão os horrores mais cotidianos e mais prosaicos do gulag.* Um ano e meio após o último processo, a Europa se afunda na guerra. O conflito se apodera de todos os espíritos e relega para outro mundo — o de *"antes da guerra"* — os processos de Moscou, que agora parecem pertencer a um tempo que já se passou. Em 20 de agosto de 1940, em sua casa de Coyoacán, Trótski é assassinado por um agente da polícia secreta stalinista. Com ele, desaparece uma testemunha importante, fonte única de informação, num momento em que as notícias provenientes de Moscou estão cada vez mais raras.

Na Europa ocupada e oprimida pelo nazismo, que eco podem ter então os primeiros documentos sobre o terror em massa na URSS dos anos 1930, que foi o pano de fundo dos processos? Publicado em 1941 em Lyon, ao mesmo tempo que dezenas de opúsculos de propaganda nazista *"antibolchevista"*, o testemunho importante de L. Moucheboeuf sobre a repressão na União Soviética[103] passa por um simples panfleto colaboracionista. Depois de 22 de junho de 1941, o combate solidário, que logo se fará vitorioso, dos aliados ocidentais e do Exército Vermelho contra as potências do Eixo reforça o prestígio da URSS, difunde a imagem de um povo unido em torno de seu guia e legitima *a posteriori* a enérgica ação empreendida por Stalin às vésperas da guerra para derrotar seus colaboradores em potencial, sua quinta coluna trotskista.

A fraternidade das armas, e depois, no dia seguinte à vitória, o real conhecimento da opinião ocidental em relação à União Soviética, que sacrificou 20 milhões dos seus para libertar a Europa da barbárie nazista, varria as raras informações divulgadas por espíritos amargos,

---

* Gulag, goulag ou gulague é o acrônimo para Glávnoe Upravlénie Ispravítelno-Trudovikh Láguerei, Trudovikh Posseleni e Mesto Zacliotchénia (Administração Principal dos Campos Correcionais de Trabalho, Lugares de Trabalho e Locais de Detenção), que designa o sistema de campos de trabalhos forçados destinado a presos políticos, criminosos ou qualquer cidadão que fizesse oposição ao regime da União Soviética. (N. do T.)

algumas revelações perturbadoras sobre ex-inimigos do povo discretamente reabilitados durante a guerra. O que devemos pensar, na verdade, da reaparição em público do professor Ramzine, principal acusado do processo do "*Partido industrial*",* que admitira ser um sabotador, ou da reaparição do célebre construtor de aviões Tupolev, ou ainda da do marechal Rokossovsky, cúmplices próximos do marechal Tukhachevsky, julgado a portas fechadas por alta traição e espionagem, executado em junho de 1973? Na euforia da vitória, ninguém se pergunta sobre o que aparece como um mero episódio obscuro de uma história já bem antiga. De forma significativa, no processo de Nuremberg nenhum dos juízes sonhará em pedir a Rudolf Hess esclarecimentos sobre suas supostas ligações com Trótski.

Nos meses que se seguiram à derrocada da Alemanha, um grande número de "*pessoas deslocadas*", sobreviventes dos campos nazistas ou soviéticos, chegam ao Ocidente. Um rumor insistente em começar a circular: existem campos de concentração na União Soviética. David Rousset, resistente, sobrevivente, dos campos da morte nazistas, confirma essa notícia, que parece "*impensável*". É imediatamente atacado com virulência pela imprensa de esquerda e pelo *Les Lettres Françaises*,† em particular, que o trata como "*demente*". Em 1947, aparece um livro que marcará a época: *Escolhi a liberdade*, de Victor Kravchenko. O autor, antigo alto funcionário soviético que migrou para o Ocidente em 1944, descreve a grande fome de 1933 na Ucrânia, deliberadamente "*planejada*" pelas autoridades, os direitos violados dos trabalhadores soviéticos, os recônditos dos processos de Moscou

---

* Processo público contra uma pseudo-organização, chefiada pelo professor Ramzine, que teria contado 2 mil membros (apenas oito compareceram ao processo de novembro de 1930), cujo objetivo era sabotar a industrialização do país. Os oito altos funcionários do Gosplan [nome coloquial que designa o órgão central de planificação econômica da União Soviética] julgados no curso desse processo admitiram a culpa. As confissões foram a única base da acusação.

† O *Les Lettres Françaises* é uma publicação de estudos literários francesa, fundada pelos escritores Jacques Decour e Jean Paulhan em 1941. Em sua origem, foi uma revista clandestina da Resistência Francesa na França ocupada pelos alemães. (N. do T.)

vistos pelo militante de base que ele era à época, as detenções e as deportações maciças da "*yezhovshina*". Tratado como "*traidor e marionete do qual os grandes fios são feitos nos EUA*" por André Wurmser, jornalista do *Les Lettres Françaises*, Kravchenko abre contra a publicação um rumoroso processo por difamação, do qual sai vencedor. Sob ampla cobertura da imprensa ocidental, as dezoito audiências desse longo processo, durante as quais dezenas de testemunhas depõem a favor ou contra a URSS, tornam a lançar a polêmica quanto aos processos de Moscou, quanto à natureza do regime soviético, à existência ou não de um terror em massa na URSS. No entanto, os numerosos testemunhos, precisos e devastadores, fornecidos pelas testemunhas de Kravchenko, não prejudicam nem o fanatismo dos defensores incondicionais do regime stalinista, nem a indiferença da maioria.[104] O raciocínio elaborado pela *intelligentsia* de esquerda não mudou nada em dez anos: como afirmou um personagem criado por Simone de Beauvoir em *Os mandarins*: "*Falou-se dos campos russos. Vincent é da mesma opinião que eu. Disse que são repugnantes, mas, se fizermos campanha contra, os burgueses é que ficarão bem contentes*". Em breve, a onda de expurgos que se abateu sobre as democracias populares, os novos processos públicos contra altos dirigentes comunistas evocam toda a atualidade dos processos de Moscou. Já não é Trótski, mas Tito, dessa vez, que a acusação procura apresentar como o mal encarnado, o espião a serviço do *Intelligence Service* e da CIA. Os processos dos dirigentes comunistas, do búlgaro Kostov, do checo Slansky, do húngaro Rajk reeditam os de Moscou, de dez anos antes: as mesmas acusações, o mesmo cenário, as mesmas confissões extraordinárias e contraditórias, os mesmos crimes, as mesmas impossibilidades materiais, os mesmos defeitos de fabricação... Todos esses temas valem-se do mito dos processos de Moscou, mas ainda sem o demolir por completo. A questão das confissões sempre semeia a dúvida, mesmo após a publicação, em 1951, no momento mesmo em que se desdobra em Praga a instrução do futuro processo de Rudolf Slansky, do testemunho crucial de Alexandre Weissberg, *L'Accusé [O acusado]*.[105] Médico de renome mundial, preso em Kharkov em 1937 e condenado a uma pesada pena de trabalhos forçados, em seu notável relato, Weissberg conta sobre os métodos utilizados pelo NKVD para fazer qualquer um confessar: interrogatórios ininterruptos, denúncias, pressões morais, sessões de tortura, manobras dos informantes, negociações entre juiz e acusado. Ao revelar os subterrâneos de um processo "*comum*", o modo com que se fabrica um acusado, Weissberg esclarece melhor alguns aspectos perturbadores dos processos de Moscou. Basta ler as passagens do livro sobre o modo com que estudantes de Kharkov, acusados de ter desejado assassinar Kossior, confessam uma primeira vez, e depois, então, quando Kossior é preso como "*inimigo do povo*", mudam suas confissões, admitindo que haviam enganado o investigador, na verdade queriam assassinar Kaganovich — para compreender os "*atentados fantasmas*" dos processos de Moscou!

É de Moscou que, finalmente, será desferido o tiro de misericórdia da impostura.

Em 13 de janeiro de 1953, o *Pravda* anuncia a prisão de nove médicos, incluindo um dos antigos "*especialistas médicos*" do processo de 1938, o dr. Vinogradov. Esses médicos, que tratavam de Stalin, bem como de outros dirigentes soviéticos, preparavam-se, explica o *Pravda*, para "*assassiná-los com recursos médicos*". Eles confessaram ter trabalhado para a espionagem inglesa e americana, assassinado Zhdanov, cuja morte, como aquelas anteriores a 1938 de Kuibyshev, Menjinski e Gorki, à época tinha sido apresentada como natural. Contra o "*grupo terrorista*" dos médicos, contra os "*assassinos de jaleco branco*", toda a sociedade encontra-se mobilizada, como em 1936-1938. Reuniões são realizadas por toda parte para exigir a punição dos culpados, o retorno a uma verdadeira "*vigilância*", a multiplicação dos inquéritos. Fica claro que novos processos, novas confissões, estão em preparação.

REAÇÕES: DA CREDULIDADE À DESMISTIFICAÇÃO

Stalin morre em 5 de março. Em 4 de abril, um comunicado anuncia a libertação de treze médicos, com sua inocência reconhecida. Entre eles, sete cuja detenção havia sido anunciada em 13 de janeiro, seis cuja detenção não havia sido publicada. O comunicado acrescenta que os médicos tinham sido vítimas de uma provocação. O complô do qual haviam sido acusados era resultado de uma *"maquinação"*, e as confissões lhes tinham sido extorquidas por *"métodos ilegais de instrução"*, ou seja, mediante tortura. A notícia, proveniente da própria instância responsável por tais práticas, o Ministério do Interior, é espantosa. Ela abala todo o edifício dos processos de Moscou: uma vez admitida a existência de *"práticas ilegais de instrução"*, que peso podem ainda ter as confissões, única *"prova"* da culpa dos acusados, em 1936-1938, como em 1933?

Nas semanas e meses que se seguem, a brecha aberta pela reabilitação dos *"médicos assassinos"* se alarga. Uma resolução do Comitê Central, intitulada *Da violação da legalidade pelos órgãos da Segurança de Estado*, reconhece que o caso dos médicos não tinha sido um acidente isolado e que a polícia política se atribuíra poderes exorbitantes. Em 27 de março, o Soviete Supremo publica um decreto de anistia parcial.[106] Em 10 de julho, a imprensa anuncia a detenção de Beria, chefe da polícia desde 1939. Explica que ele era agente da okhrana tsarista, um espião a soldo da Inglaterra... Em dezembro, é anunciado que Beria tinha sido julgado, condenado à morte e executado, em companhia de certo número de colaboradores. No curso dos anos seguintes, o *"degelo"* se acelera: novas categorias de condenados são anistiadas, órgãos judiciários são inundados com milhares de demandas de reabilitação. Esse *"degelo"* tem por contexto a luta que é travada entre os sucessores de Stalin: Kruschev, Malenkov e Molotov, em especial. Durante essa luta, Kruschev, com o objetivo de enfraquecer as posições de seus adversários, opta por levar um pouco mais longe as revelações sobre certas *"violações da legalidade socialista"*. Pouco a pouco, uma série de casos é exumada, tirada do esquecimento — e o mesmo tanto de golpes é desferido aos processos de Moscou. Em 23 de novembro de 1955, por exemplo, um comunicado anuncia o desenrolar, dois meses antes, de um processo a portas fechadas contra dirigentes da polícia política da Geórgia acusados de, por instigação de Beria, ter *"fabricado falsos processos de inquérito"* contra Ordjonikidze e de ter cometido *"atos terroristas de vingança contra honestos cidadãos soviéticos que foram acusados falsamente de crimes contrarrevolucionários"*. Entre as vítimas desses *"atos terroristas de vingança"* figura M. Orakhelachvili, companheiro próximo de Yenukidze, condenado à morte e executado em dezembro de 1937, ao mesmo tempo em que este último. Lembremos que Yenukidze estivera presente como um dos cérebros do *"bloco dos direitistas e dos trotskistas"*. O que então restaria das teses da acusação?[107]

Em 14 de fevereiro de 1956, inaugura-se o XX Congresso do PCUS. Dez dias depois, a portas fechadas, diante dos únicos delegados do congresso, Kruschev lê o famoso *Relatório secreto*, cujo texto apareceria no Ocidente alguns meses depois.[108] O relatório não menciona os três grandes processos de Moscou, a simples evocação dos *"numerosos processos fabricados, em que os acusados se viam a reprovar a preparação de atos terroristas"* foi suficiente para derrubar em definitivo o edifício dos processos de Moscou, em si já bem decadente. Ao recordar o assassinato de Kirov, tantas vezes imputado aos acusados, Kruschev dá a entender que esse caso, *"cujas circunstâncias dissimulam muitas coisas inexplicáveis"*, poderia ter sido financiado, e até mesmo organizado, nas mais altas esferas. Após se ter revelado a extensão dos expurgos no Partido, Kruschev alongou-se sobre os *"numerosos atos de violação da legalidade socialista"*, cometidos nos anos 1936-1938, no encontro de certo número de dirigentes injustamente condenados. Leu muitos documentos particularmente reveladores sobre o modo como o NKVD *"fabricava"* processos públicos. Relatado por Kruschev, o depoimento do velho bolchevique Rozenblum sobre a maneira com que lhe foi proposto desempenhar um papel em um dos processos é, a esse respeito, bastante esclarecedor: "*Você mesmo*", afirma Zakovski (o agente do NKVD responsável por Rozenblum), "*não precisará inventar coisa alguma. O NKVD vai lhe preparar um projeto para cada uma das ramificações do Centro. Você terá que estudá-lo com cuidado e se recordar com precisão de todas as questões que o tribunal poderá lhe fazer, assim como das respostas. Esse processo estará pronto em quatro ou cinco meses, talvez seis. Durante esse tempo, terá que se preparar, a fim de não comprometer nem a instrução, nem a si mesmo. Se aguentar, salvará a própria cabeça e será alimentado e vestido às expensas do governo pelo resto da vida*".[109]

As semanas e os meses que se seguem ao XX Congresso veem a reabilitação, muitas vezes discreta, de alguns ex-inimigos do povo, condenados ou desaparecidos durante os anos 1936-1939. A revista *Voprosy Istorii* (*Questões de história*) menciona[110] os nomes de dirigentes do Partido denunciados pelas confissões dos acusados e discretamente eliminados no âmbito do terceiro processo de Moscou (Gamarnik etc.). Em abril, um artigo da mesma revista apresenta, de maneira matizada, as posições "*equivocadas*" e "*semimencheviques*" de Kamenev e de... Stalin diante das *Teses de Abril*, de Lênin. Quem poderia imaginar, algumas semanas antes, que seria possível situar no mesmo plano as posições "*equivocadas*" de um dos principais acusados nos processos de Moscou e as do "*Guia dos povos do mundo inteiro*"? Em 22 de abril, o *Pravda* publica uma carta de Lênin a Rykov, sem a comentar, o que se constitui numa reabilitação bastante indireta deste último. Em junho é a vez de o marechal Tukhachevsky ser "incidentalmente" mencionado no *Voprosy Istorii*. Alguns meses depois, num outro jornal, ele é louvado por ter esmagado a rebelião de Kronstadt. Em abril de 1958, é apresentado como "*grande comandante militar*". Por fim, encontra seu lugar no volume 51 da *Grande Enciclopédia Soviética*,[111] que reconhece seu "*importante papel no rearmamento do Exército Vermelho nos anos 1930*", sem dizer uma palavra que fosse sobre a sua condenação e execução em 1937. Por fim, nos anos que se seguem ao XX Congresso, um único acusado direto nos três processos de Moscou é oficialmente desculpado. Trata-se de Ikramov, antigo secretário do Partido no Uzbequistão, discreta, mas incontestavelmente, reabilitado por ocasião de um discurso pronunciado em Tachkent, em setembro de 1957 (e reproduzido apenas em 23 de dezembro de 1957) por um alto responsável uzbeque. Essas reabilitações, tão parcimoniosamente distribuídas, num primeiro momento obedecem a considerações políticas: tratam-se antes de tudo — e é assim em todos os domínios da vida pública durante a *"desestalinização"* da era kruscheviana — de evitar toda e qualquer *"derrapagem"*. O reconhecimento dos *"erros"* da *"época do culto à personalidade"* não deve ser a ocasião para tornar a pôr em causa os próprios fundamentos da legitimidade do Partido. Por outro lado, essas reabilitações parecem ter estado em causa nas lutas que em 1956-1957 foram conduzidas entre os partidários de Kruschev e o grupo *"antipartido"* de Molotov, Kaganovich e Malenkov. O apoio decisivo do exército a Kruschev no confronto que em junho de 1957 o opõe ao grupo *"antipartido"* explicaria assim a reabilitação mais rápida e completa dos chefes militares executados em 1937.

Durante o XXII Congresso (outubro de 1961), são feitas novas revelações, dessa vez publicamente, sobre os *"abusos de poder"* no período do *"culto à personalidade"*. Elas trazem consigo a autenticação implícita do *Relatório secreto*. Na tribuna do congresso, diversos oradores questionaram com virulência a atividade passada dos colaboradores mais próximos de Stalin, Malenkov, Kaganovich, Vorochilov, Molotov, com isso revelaram aspectos da repressão em massa dos anos 1930 e dos subterrâneos dos processos de Moscou. Para Chelepine, *"o assassinato de S.M. Kirov serviu a Stalin e a seus familiares como pretexto para organizar a repressão contra homens que lhes eram indesejáveis"*. Sobre o ano de 1937, Lazurkina testemunha: *"O medo, que não foi causado por nós, leninistas, imperava. Caluniavam-se uns aos outros, chegando-se a ponto de caluniar a si mesmo. Criavam-se listas para a detenção de inocentes. Éramos atingidos para que caluniássemos. Recebíamos listas, éramos forçados a assiná-las, recebíamos a promessa de libertação, éramos ameaçados: se não assinarem, serão mortos...*".[112] Chvernik revela que "*sob pretexto de vigilância, Malenkov organizou uma manipulação maciça dos dossiês de militantes do Partido e dos sovietes acusados de inimigos do povo. E recorreu aos procedimentos mais infames: intrigas, provocações, mentiras. Ao partir para a Bielorrússia, em 1937, Malenkov forjou com Yezhov a versão da existência, nessa república, de uma ampla organização clandestina antissoviética, tendo à frente, por assim dizer, os dirigentes do Partido e sovietes. Ao perpetrar essa monstruosa provocação, Malenkov organizou a repressão contra os membros do Partido, contra os sovietes, sindicatos... da Bielorrússia*".[113] Quanto a Kaganovich, continua Chvernik, "*trazia acusações políticas contra inocentes desprovidas de fundamentos e fazia com que eles fossem presos... Tomando a palavra numa reunião de ativistas das estradas de ferro em 10 de março de 1937, Kaganovich dizia: 'Não consigo citar uma única linha, uma única rede, em que não houvesse alguma sabotagem nipotrotskista...'. Com isso, foram presos, sem motivo algum, os suplentes de Kaganovich, quase todos os diretores de linha, chefes de seções políticas e outros dirigentes dos transportes...*".[114] Chvernik, por fim, revela a verdade sob o suposto "*atentado terrorista*" cometido em 1934 contra Molotov:[115] "*Por ocasião de uma viagem a Prokopievsk, em 1934, as rodas direitas de seu carro derraparam em direção a um abismo. Nenhum dos passageiros se feriu. Esse episódio serviu como pretexto para uma versão que falava em atentado à vida de Molotov, e um grupo de inocentes foi condenado por causa disso*".

Em 27 de outubro, o próprio Kruschev faz o balanço do que ele chama, sem eufemismo, de "*crimes*" de Stalin. Evoca o martírio dos dirigentes do exército e de outros responsáveis do Partido, cujos nomes não figuram no *Relatório secreto*. Reconhece — fato novo e crucial

— que as *"repressões em massa"* tinham atingido também simples e *"honestos cidadãos soviéticos"*. Proclama em alta voz que é necessário *"dizer a verdade ao Partido e ao povo... já que, quanto mais tempo se passar desde esses acontecimentos, mais difícil será restabelecer os fatos da verdade"*. E Kruschev sugere: *"Talvez seja preciso erigir um monumento a Moscou para imortalizar a lembrança dos camaradas que tombaram, vítimas do arbítrio"*. Pode-se então pensar que os processos de Moscou serão revisados — as acusações são manifestamente falsas — e que toda a verdade será, por fim, revelada. Isso, porém, não acontecerá.

SILÊNCIO SOBRE OS PROCESSOS

As medidas propostas por Kruschev ameaçam diretamente os quadros dirigentes do aparelho do Partido, que, quase todos, têm sua parcela de responsabilidade nas repressões da época stalinista. Na verdade, essas medidas implicam que a desestalinização não é simplesmente assunto de um único partido, mas que a sociedade pode demandar satisfações e explicações. Correm então o risco de modificar as relações entre a sociedade e o Partido e, por consequência, de tocar num dos mitos fundadores da ideologia: o do papel dirigente do Partido e, por extensão, de todo o edifício do sistema. Além disso, o discurso de Kruschev de modo algum será seguido de medidas concretas, a não ser pelo despejo, altamente simbólico, da múmia de Stalin do Mausoléu. As resoluções finais do congresso, redigidas por uma comissão especial composta de altos funcionários do Partido, enfraquecem as propostas vigorosas de Kruschev e ficam aquém das esperanças despertadas pelo discurso de 27 de outubro de 1961. O exame do caso dos stalinistas endurecidos e dos responsáveis pela repressão é deixado às calendas gregas; a proposta de erguer um monumento às vítimas do stalinismo é abandonada. Embora Kruschev tivesse insistido — em parte por razões táticas — na necessidade de dizer toda a verdade, uma exigência que incluía os levantamentos dos *"crimes stalinistas"*, a resolução final do congresso afirma que *"o Partido disse ao povo toda a verdade sobre os abusos de poder no período do culto à personalidade"*. Por meio dessa fórmula, é sem ambiguidade que o texto assinala os limites da desestalinização. Uma vez que toda a verdade é dita, o Partido realiza a sua tarefa, e o assunto é encerrado. O mesmo vale para os processos de Moscou. Nesse contexto, o processo de reabilitação dos responsáveis pelo Partido injustamente condenados no final dos anos 1930 — em particular os acusados nos processos de Moscou —, timidamente iniciado após o XX Congresso, não duraria muito tempo.

É certo que, nos anos 1962-1964, aparece, no *Voprosy Istorii*, uma série de "notas biográficas" dedicadas a alguns "velhos bolcheviques", vítimas proeminentes, segundo a fórmula que se tornaria ritual, do *"arbítrio do período do culto à personalidade"*. Em outubro de 1963, após Ikramov, Krestinsky torna-se o segundo acusado no âmbito dos processos de Moscou a ser oficialmente reabilitado. No octogésimo aniversário de seu surgimento, o *Izvestia* publica um artigo no qual ele é apresentado como um *"diplomata da escola leninista"*. Porém, tal como para todos os demais reabilitados, em parte alguma são mencionadas as circunstâncias de seu *"desaparecimento"*. Em 1964, de passagem, o *Pravda* cita entre os responsáveis pelo êxito do Primeiro Plano quinquenal os nomes de Grinko e Zelenski, julgados e condenados ao final do terceiro processo de Moscou.[116] Zinoviev foi alvo de uma *"reabilitação"* ainda mais indireta: ele não é mencionado em artigo nenhum, mas aparece brevemente, figurando ao lado de Lênin no verão de 1917, num romance publicado pela revista *Oktiabr'*.[117] Entre outros acusados que foram objeto de uma *"reabilitação literária"*, podemos citar o secretário de Gorki, P. Krioutchkov, mencionado numa obra sobre Gorki de 1966!

Apesar da discrição e sobriedade de suas "notas biográficas", a revista *Voprosy Istorii* não deixa de ser severamente criticada numa resolução do Comitê Central de março de 1963, a qual lembra que a revista deve *"se opor resolutamente a toda e qualquer tentativa de solapar os fundamentos do marxismo-leninismo sob a cobertura da luta contra o culto à personalidade e a toda tentativa de reabilitar as correntes antimarxistas que jamais foram expulsas do Partido"*.[118] A partir da queda de Kruschev (outubro de 1964), as notícias dedicadas às *"vítimas do arbítrio"* foram pouco a pouco desaparecendo das colunas das revistas de história. De maneira significativa, nenhuma das histórias oficiais do Partido ou da União Soviética publicadas depois do XX Congresso chega a fazer menção aos processos de Moscou. A única menção explícita a esses processos aparece no texto da versão preliminar do nono volume da *História da* URSS, que em 1964 foi distribuído para debates a um areópago de eminentes historiadores, mas jamais foi publicado (ver texto anexo).[119] O manual de história do Partido, publicado em 1965, alude a esse assunto em duas linhas: *"A repressão dos anos 1930 tocou em antigas oposições ideológicas, apresentadas como agentes do imperialismo e serviços de espionagem estrangeiros"*. Quanto aos manuais publicados depois, eles se limitam a lembrar, no parágrafo cada vez mais curto dedicado ao *"culto à personalidade"*, *"as consequências negativas da fórmula equivocada de Stalin, adotada na plenária de fevereiro-março de 1937, segundo a qual quanto mais se avança na construção do socialismo, mais a luta de classes se intensifica"*[120]... *"Essa apreciação equivocada da situação, pode-se ler na última versão da* História do PCUS *em seis volumes, acarretou graves erros no trabalho dos órgãos de segurança do Estado... na sequência de tais erros, certo número de eminentes responsáveis do Partido e do Estado, injustamente caluniados, foram vítimas de uma repressão injustificada."*[121] É interessante observar que essa crítica aos *"erros"* do NKVD é precedida por um elogio do secretário geral do Partido (Stalin) e de seus colaboradores por seu *"papel relevante na liquidação de diversos grupelhos antipartido: oportunistas de direita e de esquerda, trotskistas, bukharinianos, nacionalistas burgueses*"[122]...

Exceção feita a Krestinsky e Tukhachevsky, reabilitados sob Kruschev, nenhum dos bolcheviques responsáveis, condenados ao longo dos processos de Moscou, figura na última edição da *Grande Enciclopédia Soviética*. Dirigentes importantes como Piatakov, Rykov ou Bukharin parecem condenados à *damnation memoriae* [condenação da memória]. Isso é compreensível quando se sonha que o final ignomioso de sua vida de militante comunista — os processos de Moscou — coloca certo número de interrogações fundamentais à natureza não apenas do stalinismo, mas também do sistema soviético estabelecido no início dos anos 1930.[123]

A questão da reabilitação do mais prestigioso entre os condenados nos processos de Moscou, Bukharin, proporciona um exemplo elucidativo das formidáveis implicações políticas de tal ato.

Nos meses seguintes ao xx Congresso, diversas petições, que exortavam a uma plena e inteira reabilitação de Bukharin, foram dirigidas ao Gabinete Político. Numa delas,[124] quatro "velhos bolcheviques" escreviam que "*o homem que Lênin chamava de favorito legítimo do Partido não pode continuar na lista dos proscritos*". A viúva de Bukharin, de sua parte, autorizada a voltar a Moscou com o filho após mais de vinte anos de campo e de exílio, dirigiu diversos apelos a Kruschev, nos quais pedia que Bukharin fosse penalmente reabilitado, e seu nome, "*reentronizado*" no Partido. Kruschev atendeu a primeira demanda, mas não a segunda. Em 19 de outubro de 1962, recuperando informações publicadas alguns dias antes no diário iugoslavo *Politika*, o *New York Times* relatava que, no verão daquele ano, um tribunal soviético proferira a reabilitação penal de uma série de acusados nos processos de Moscou, entre eles Bukharin e Rykov.[125] A decisão teria sido comunicada apenas às famílias dos interessados. Seus nomes continuariam na lista. Na verdade, reabilitar politicamente

Bukharin teria significado voltar a problematizar a legitimidade da "*Linha geral*", de certo número de orientações fundamentais estabelecidas por Stalin no início dos anos 1930 e rejeitadas por Bukharin — como a coletivização, os ritmos da industrialização — que determinariam até o fim a estrutura da sociedade e da economia soviéticas. A esses obstáculos "*estruturais*" à via de reabilitação somaram-se, no início dos anos 1960, obstáculos "*conjunturais*". Após a ruptura sino-soviética, a reabilitação de Bukharin, líder da corrente "*direitista*" só poderia trazer água para o moinho chinês, ensejando as acusações de "*oportunismo*" formuladas pelos "*camaradas*" chineses contra os "*camaradas*" soviéticos. Segundo um testemunho de J. Medvedev, a intervenção de Maurice Thorez também teria contribuído para dissuadir Kruschev de reabilitar publicamente Bukharin e os demais condenados nos processos de Moscou. Eis aqui os principais extratos deste importante testemunho:

"*Em 1968, Kruschev foi convidado a assistir a uma peça intitulada* Os bolcheviques *no teatro Sovremennik pelo diretor e autor da peça, M. Chatrov, indivíduo que Kruschev conhecia pessoalmente havia um bom tempo. A peça fazia referências aos acontecimentos de 1918, à tentativa de assassinato de Lênin e à reação dos bolcheviques. Kruschev gostou do espetáculo e, ao fim, foi encontrar Chatrov. Durante a conversa que tiveram, à qual assistiram muitos membros da tropa, Kruschev perguntou a Chatrov: 'O senhor encenou uma reunião do Comitê Central em 1918. Foi bastante convincente, mas por que motivo nem Bukharin nem Kamenev estavam presentes? Sei que, na ocasião, eles estavam em Moscou e que participaram da reunião'. Chatrov respondeu que seria impossível trazê-los à cena, já que não tinham sido reabilitados. Então Kruschev pôs-se a explicar que Bukharin e Kamenev faziam parte de um grupo de dirigentes cuja reabilitação estivera no horizonte após a eliminação, pela direção do Partido, do grupo 'antipartido' Molotov-Malenkov. A resolução sobre a revisão dos processos-espetáculo de Moscou já estava pronta, e ele tinha decidido publicá-la.*

Uma comissão especial do Comitê Central recomendava a reabilitação. Mikhail Suslov e outros foram contrários, mas a maioria tinha se mostrado favorável. É provável que Suslov tivesse alertado alguns dirigentes dos partidos comunistas europeus. Entre eles, somente o partido italiano veio em apoio a toda a operação de reabilitações, tendo se pronunciado em favor de sua continuidade. Maurice Thorez, entretanto, fugira às pressas para Moscou e solicitara a Kruschev que suspendesse a reabilitação de Bukharin, Rykov, Zinoviev e outros. 'Após o XX Congresso e os acontecimentos na Hungria, perdemos quase a metade de nosso partido', disse Thorez. 'Se vocês começarem a reabilitar os que foram julgados nos processos públicos, corremos o risco de perder os demais... Poderão reabilitá-los mais tarde, mas nem todos ao mesmo tempo, apenas um após o outro, aos poucos.' 'Esses argumentos nos demoveram, disse Kruschev, porém hoje estou arrependido de ter seguido tal conselho.'"[126]

Será preciso esperar ainda mais de vinte anos para ver os acusados nos processos de Moscou enfim reabilitados, sob o manto da *perestroika* e da *glasnost* gorbachevianas.

ENSAIO DE INTERPRETAÇÃO: O COMPLÔ NA PRÁTICA POLÍTICA SOVIÉTICA

URSS, 1936: OS GRANDES MITOS DA IDEOLOGIA

Abrir o *Pravda* nos dias que precedem a realização do primeiro processo de Moscou é adentrar um mundo mágico de felicidade, abundância e proezas.

Felicidade: no dia 12 de agosto de 1936, M. Abloguine, minerador da cidade de Stalino, interrogado por um jornalista, expressa o seu entusiasmo pelo artigo 119 da Grande Constituição Staliniana, que solenemente reconhece aos trabalhadores soviéticos o direito ao repouso e conta, sobre três pilares, a história edificante de sua vida: "*Antes da Revolução, nós trabalhávamos das 5 horas da manhã às 6 da tarde. Após 13 horas de trabalho, quando voltava ao meu 'palácio', que lazer eu tinha? Hoje, ao sair da mina seguimos tranquilamente ao vestiário. Tomamos um banho. Vestimos nossa roupa. Voltamos pra casa. Minha casa é um belo de um quarto e sala, bem mobiliado, com flores em cada cômodo. Eu retorno do trabalho, ligo o rádio, me alimento bem, me acomodo no sofá, leio o jornal. Depois, quando tenho vontade, vou ao parque, ao clube, ao teatro, ao cinema. E as casas de repouso! E as férias! Antes, eu nem sequer conhecia o significado dessas palavras! Em 1932, o presidente do Comitê veio me ver e disse: 'Você tá precisando descansar numa casa de repouso'. Fui para Iasnogorsk. Ao chegar, vejo os belos edifícios, todos brancos. Parece que antes* eram monges que moravam ali. Hoje, é uma casa de repouso para mineradores. Ali pude me recuperar de todas as minhas bebedeiras... Sim, que vida maravilhosa o poder soviético tem nos proporcionado! Eu gostaria de expressar aqui, na condição de minerador, meu profundo reconhecimento e transmitir a saudação entusiasmada de todos os trabalhadores da mina de Sarkissov ao Partido Comunista, e em especial ao nosso guia, o camarada Stalin, genial autor do projeto de Constituição".[1]

Abundância: o editorial do *Pravda* de 2 de agosto ("A indústria alimentícia em pleno crescimento"!) explica aos leitores que "*entramos nesta fase feliz de desenvolvimento, na qual todos os obstáculos a um rápido crescimento da indústria alimentícia foram superados. Basta ver as multidões de compradores que entram e saem das lojas com sacolas cheias de artigos mais variados, com sacos de biscoitos e de guloseimas! Nossa indústria alimentícia foi assim organizada graças à imensa e genial atenção do camarada Stalin — graças a ele que ela proporciona ao povo os produtos mais nutritivos, os mais higiênicos e os melhores. A qualidade e o gosto dos produtos alimentícios deverão ainda ser elevadas a alturas inigualáveis, para que, como com muita propriedade comentou o camarada Mikoyan, 'possamos comê-los com prazer não apenas quando sentimos fome, mas também quando estamos plenamente saciados'*".[2]

Proezas do cotidiano e conquistas heroicas: "Inspirados pelo camarada Stalin, *os trabalhadores ferroviários*, pode-se ler no editorial do *Pravda* de 30 de julho, *acabam de descobrir as maravilhosas potencialidades do transporte socialista. O glorioso exército de trabalhadores ferroviários deu cabo da missão que lhe foi confiada pelo camarada Stalin: carregar de 75 mil a 80 mil vagões por dia. Chegaram perto da cifra de 90 mil vagões e estão empenhados em carregar, num futuro próximo, um total de 100 mil vagões por dia. Qual o segredo desse prodigioso feito? É simples: hoje, os ferroviários se encontram providos de diretivas históricas do camarada Stalin acerca do elevado significado do transporte socialista para a nossa pátria*".[3]

ENSAIO DE INTERPRETAÇÃO: O COMPLÔ NA PRÁTICA POLÍTICA SOVIÉTICA

Todas essas proezas cotidianas conduzirão a conquistas históricas. Durante três semanas, de 25 de julho a 15 de agosto de 1936, o *Pravda* dedica todos os dias pelo menos uma página ao voo Moscou-Nikolaievski realizado em 24 e 25 de julho por Chkalov e sua tripulação. Essa conquista foi o ensejo para que incessantemente se celebrasse *"a grande e maravilhosa era que vivemos, que entrará para a história com o nome de era stalinista — uma era de conquistas socialistas como a humanidade jamais viu..."*.[4] Em 14 de agosto, mesmo dia em que a agência Tass anuncia a realização próxima do processo contra o *"Centro contrarrevolucionário trotskista-zinovievista"*, o *Pravda*, num texto de cinco colunas verticais, cobre a suntuosa recepção dos heróis da União Soviética, Chkalov, Baydukov e Beliakov, recebidos no Kremlin pelos camaradas Stalin, Ordjonikidze, Vorochilov, Kaganovich, Yezhov...[5]

As maravilhosas férias do minerador, a abundância de produtos alimentícios de excelente qualidade, o trabalho exemplar dos ferroviários, o espetacular voo Moscou-Nikolaievski — todas "peças escolhidas" para ilustrar tal ou qual dos numerosos mitos da ideologia stalinista. O *"grande passo adiante"* dos anos 1929-1933 — coletivização da agricultura, industrialização, primeiro plano quinquenal — impulsionado pela direção do Partido sob a condução de J. V. Stalin, foi acompanhado para mascarar as dificuldades e fracassos dessa gigantesca empreitada voluntarista, da criação de uma verdadeira mitologia que contribuiu para manter, em meio às provações, um certo consenso na URSS, por muito tempo enganou o estrangeiro sobre o que de fato se passava no país.

Esse sistema de mitos constituiu-se em torno do mito fundador da Revolução de Outubro, proclamada revolução proletária. Sobre esse mito está enxertado, em meados dos anos 1930, o mito da construção do socialismo na URSS, um mito portador da promessa de uma *"vida bela e feliz"*. Essa realização é datada com precisão: *"Entre o VI e o VII*

Congresso da Internacional Comunista, pode-se ler numa brochura de propaganda política,[6] *produziu-se um acontecimento crucial na vida do povo soviético: a vitória definitiva e irreversível do socialismo na União Soviética*". Enquanto o Ocidente capitalista se afunda na crise, a URSS apresenta-se ao mundo como o país do progresso, do socialismo sonhado e, enfim, realizado. O manual de história do PC da URSS (edição de 1938) cria o seguinte cenário do país em 1936: "*Nesta data, a economia nacional está completamente mudada. Os elementos capitalistas foram inteiramente liquidados. O sistema socialista triunfa em todos os domínios. A potente indústria socialista produz sete vezes mais do que a indústria de antes da guerra. Na agricultura, tem-se o triunfo da produção socialista, a maior produção do mundo, mecanizada e munida de uma técnica moderna, sob a forma do sistema de kolkhozes* e sovkhozes.† Todo o comércio está concentrado nas mãos do Estado e da cooperação. A exploração do homem pelo homem foi suprimida para sempre. Na nova sociedade socialista, desapareceram para sempre as crises, a miséria, o desemprego e a ruína. Foram criadas as condições para uma vida de comodidades e de cultura para todos os soviéticos*".[7]

Essa economia socialista, afirma a ideologia, é uma economia que segue ponto por ponto a matriz do plano elaborado segundo as diretivas do Partido. Em todas as unidades de produção, a realização — não importa a que preço — dos objetivos do plano torna-se um imperativo único e obrigatório, enquanto as cidades e vilarejos

---

* Kolkhoz (ou colcoz), do russo колхоз, como forma reduzida de коллективное хозяйство, kollektívnoe khozyáistvo, que significa estabelecimento ou unidade de produção coletiva. Designa uma espécie de propriedade rural coletiva da antiga União Soviética, na qual os camponeses, ou kohlkozianos, com os meios de produção fornecidos pelo Estado, constituíam uma cooperativa de produção agrícola. (N. do T.)

† Sovkhoz (ou sovcoz), do russo совхоз, como forma reduzida de советское хозяйство, cuja transliteração é sovetskoe khozjajstvo, vem a ser uma fazenda soviética, estatal, dispositivo criado pela URSS por ocasião da expropriação dos kulaks, durante a campanha de coletivização lançada por Stalin em 1928. A diferença básica em relação aos kolkhozes estava no fato de os sovkhozes serem maiores e mais comuns na porção ocidental da URSS, enquanto os kolkhozes já eram mais frequentes na Ásia Central. (N. do T.)

cobrem-se de painéis que ilustram curvas a subir a alturas nunca igualadas. "*Neste crescimento extraordinário da economia e do bem-estar material das massas populares*", concluiu Stalin em seu opúsculo. "*Para uma vida bela e feliz, revelam-se a força, a pujança e a invencibilidade da nossa revolução socialista.*"

Uma nova economia, uma sociedade de novos homens, de "*edificadores da nova Rússia*", segundo a expressão de Pierre Vaillant-Couturier. Uma sociedade, afirma a ideologia, "*como a história da humanidade jamais conheceu*", formada por "*duas classes amigas, e de uma camada aliada às duas outras*". A classe trabalhadora "*deixou de ser um proletariado no sentido velho do termo. O proletariado soviético, mestre do poder do Estado, tornou-se uma classe absolutamente nova e transformou-se numa classe trabalhadora liberta da exploração...*". Quanto à classe camponesa, "*tem-se aí um tipo novo de campesinato, liberto de toda exploração. A história da humanidade jamais conheceu tal campesinato*". Os intelectuais "*tornaram-se intelectuais novos, absolutamente diferentes dos antigos. Estão a serviço do povo e livres de toda exploração. A história da humanidade jamais conheceu intelectuais assim*".[8] Essa nova sociedade, em que todas as contradições foram abolidas, tem sua vanguarda composta pelos melhores elementos do grupo social, os comunistas, e seus heróis, os stakhanovistas, verdadeiros cavaleiros do trabalho, a subverter todas as normas de produção, anunciando assim porvires de prosperidade e abundância.

Essa nova sociedade está em vias de adotar uma nova Constituição, "*a mais democrática do mundo*". Em 6 de fevereiro de 1935, o VII Congresso dos sovietes propôs, "*por iniciativa do camarada Stalin*", modificar a Constituição existente, "*a fim de a ela incorporar o balanço das conquistas já realizadas pelo socialismo*" e garantir ao país "*um democratismo consistente e sem anomalias*". Durante dezoito meses, até a promulgação, ao final de 1936, da nova Constituição, os jornais não deixarão de publicar, dia após dia, os comentários entusiasmados dos trabalhadores sobre o projeto da Constituição. No papel, esse texto, obra-prima da mistificação, oferece os mais amplos direitos aos cidadãos soviéticos — direitos *"garantidos em conformidade com os interesses dos trabalhadores e com o objetivo de consolidar o regime socialista"*: liberdade de expressão, de imprensa, de reunião, de manifestação, de culto e de propaganda antirreligiosa, inviolabilidade de domicílio e de correspondência... Agora, todos os cidadãos desfrutarão dos mesmos direitos, em particular os direitos eleitorais, com as eleições contando com o sufrágio universal, igual, direto e secreto...[9]

Nova Economia, novos homens, nova Constituição — essa mutação extraordinária se fez sob a condução esclarecida do Partido, o único capaz de controlar as mudanças econômicas e sociais. O papel dirigente do Partido é a todo tempo ressaltado. O Partido é a força motriz da sociedade soviética, o personagem central de sua mitologia. O papel dirigente do Partido está presente como uma necessidade ditada pelas *"leis objetivas da história"*: o Partido encarna a missão histórica do proletariado. Além disso, o Partido, por natureza, é sempre capaz, e o único capaz, de controlar o desenvolvimento econômico e social; e, portanto, de enunciar a linha política justa, fundada em princípios científicos. Investido de uma missão histórica, o Partido afirma-se como o único detentor da verdade e o único enunciador do direito: é verdade não apenas o que está de acordo com a realidade, mas o que o Partido proclama como tal. No novo simbolismo, a figura do Partido encarna de uma só vez a vanguarda dos *"melhores"*, o proletariado, o povo, a Revolução, o Saber, o poder social, o Estado. Entidade multiforme, o Partido-Estado justifica a sua ação e legitima o seu poder pelo fato de que, em seu princípio, ele encarna os interesses, as necessidades, os desejos das massas numa sociedade cujas contradições são, como vimos, imaginariamente abolidas. Logo, o Partido é uma totalidade que somente os *"inimigos"* podem contestar.

O modo de funcionamento do Partido, fundado na exigência de uma obediência absoluta da parte de seus membros, em sua centralização extrema, seu *"monolitismo"* erigido em virtude suprema, fazem com que a sua imagem mítica se identifique à de seu chefe, o secretário-geral, investido do título de guia. O guia aparece como a encarnação da sabedoria, da ciência, de todos os saberes, o que decide inapelavelmente todas as questões, quer digam respeito ao *"marxismo-leninismo"*, à economia política, à biologia, à literatura, à pintura, ao teatro ou ao cinema. O guia faz-se objeto de um verdadeiro culto oficial. Pela intermediação dos jornais, as massas se dirigem a ele, anunciando-lhe a realização dos objetivos que ele fixou, o agradecimento pela solicitude que ele demonstra na vida cotidiana. O mito do guia é tão mais forte que a figura do *"protetor"*, do *"Pai dos povos"*, que se enraíza nas formas de representação popular espontâneas herdadas da cultura política russa, da tradição absolutista tsarista.

A ascensão do socialismo na URSS, sinônimo de felicidade, de prosperidade e progresso, abolição das contradições sociais, controle completo dos processos econômicos e sociais pelo Partido, sabedoria suprema do guia, garante o símbolo do monolitismo do Partido — tais são alguns dos principais mitos construídos pela ideologia. Passemos agora a confrontá-los com as realidades econômicas, sociais e políticas da URSS na primeira metade dos anos 1930.

URSS, 1936: REALIDADES ECONÔMICAS, SOCIAIS E POLÍTICAS

O *"triunfo da produção socialista"* na agricultura — coletivização, *"liquidação dos kulaks como classe"* — por pouco não liquida por completo a agricultura soviética. A resistência dos camponeses à coletivização, a desorganização completa do trabalho nos kolkhozes recém-criados, a ruína das cidades afetadas por uma interminável *deskulakisação* tiveram por consequência um terrível período de fome, que, por sua amplitude e pelo número de vítimas (7 milhões) ultrapassou a de 1921-1922 (de 3 a 5 milhões). Mas em 1921, o governo soviético havia autorizado personalidades a pedir ajuda a países capitalistas. Lênin dirigiu-se ao proletariado mundial para socorrer os famintos. Em 1933, fato revelador do novo clima político e ideológico, a existência da fome foi pura e simplesmente negada pelas autoridades. O Estado não apenas não lutou contra ela, mas até mesmo contribuiu para amplificá-la, utilizando-a, notadamente na Ucrânia, como arma na luta contra os camponeses rebeldes à coletivização. Por certo que, no decorrer dos anos seguintes, a situação da agricultura se recupera. As colheitas de cereais dos anos 1935-1939, no entanto, continuam bastante inferiores às de 1924-1928. O fornecimento de dezenas de milhares de tratores não compensa a perda de 16 milhões de cavalos durante a coletivização.[10] A tão apregoada mecanização do setor agrícola, "*dotada de uma quantidade imensa de material técnico moderno*", não resolve os dois problemas de fundo da agricultura coletivizada: a oposição passiva da imensa maioria de camponeses ao sistema kolkhoziano e a gestão impossível de quase 240 mil kolkhozes. Os interesses do camponês, preocupado em conservar para si a maior parte dos frutos de seu trabalho, são incompatíveis com os objetivos do poder: garantir, a qualquer preço, a satisfação das necessidades imediatas do Estado em produtos agrícolas com o mais baixo custo. A cada outono, a campanha pela colheita de produtos agrícolas transformava-se numa verdadeira demonstração de força que punha o país inteiro numa espécie de estado de sítio. Cada um dos 240 kolkhozes devia, não importando o quanto custasse, realizar o plano de entrega que fora fixado muitos meses antes, de maneira arbitrária e burocrática, pelos órgãos locais do Comissariado do Povo para a Agricultura, com base na crença em avaliações e estatísticas muitas vezes incorretas e "*infladas*". A posição dos presidentes de kolkhozes nem sempre era muito confortável; como escreveu um deles: "*Os funcionários superiores procuravam fazer pressão sobre os kolkhozes, para extrair daí o máximo possível, a um só tempo para o Estado e para a sua própria imagem de marca; os camponeses intentavam fornecer o mínimo possível de esforços e de produtos, e os presidentes de kolkhoz deveriam empenhar toda a sua engenhosidade em encontrar uma solução de compromisso*".[11] Dispondo de um poder sem limites sobre os simples camponeses, os dirigentes cotidianamente recorriam a métodos brutais para a administração de seus subordinados: intimidação, humilhações, brutalidades físicas, detenções injustificadas, que tinham por único resultado tornar os camponeses ainda mais passivos e mais hostis. Por não conseguirem executar o plano, os presidentes de kolkhoz, como todos os chefes empresariais, aliás, recorriam a diversos estratagemas — falsificação de estatísticas, instalação de acólitos em postos estratégicos da administração local, corrupção de funcionários, operações ilegais — a fim de apresentar "*balanços*" satisfatórios.

Os gestores das organizações locais do Partido, tidos por responsáveis pelo funcionamento da agricultura em sua circunscrição, não tinham a menor confiança nos dirigentes dos kolkhozes. A cada ano, milhares deles eram destituídos, o que resultava ainda mais na desorganização da gestão dos kolkhozes. Esses métodos de administração brutais e autoritários "*em cadeia*" tornavam inúteis as escassas concessões feitas a partir de 1935 na esperança de convencê-los a trabalhar com fervor. Apesar de os excessos dos funcionários encarregados da agricultura terem sido deplorados, nenhuma alternativa viável foi proposta. A desconfiança profunda que caracterizou, em todos os níveis, a atitude do aparelho de Estado ficou mais forte. Essa desconfiança não excluiu, da parte das autoridades centrais, uma profunda suspeita em face dos escalões intermediários e inferiores da administração, que estavam sob a suspeita de esconder a situação real, de falsificar as estatísticas, de subestimar as capacidades de produção. Do presidente do kolkhoz ao responsável pelo departamento agrícola das direções regionais do Partido, nenhum funcionário estava imune a uma acusação de *"deformação da linha do Partido"*. Qualquer um poderia se tornar bode expiatório para todas as medidas impopulares, com o auxílio das quais os planos de coletas eram habitualmente realizados.

Os balanços triunfalistas no domínio da industrialização também mascaram realidades menos reluzentes. Na verdade, a industrialização se desenvolve num estado de caos endêmico. A planificação, a administração e a gestão de milhares de novas empresas levantam problemas quase insolúveis. Assim, para ficar num único exemplo, o plano de produção (para 1933) de uma fábrica têxtil passa por 46 setores diferentes de cinco órgãos econômicos para enfim chegar à direção da empresa na primavera de 1934![12] A mensuração exclusivamente quantitativa de objetivos não raro irrealizáveis, impostos a todas as empresas pelo plano, tem por consequência imediata uma espetacular degradação da qualidade dos produtos, incluídas aí as provisões destinadas ao setor militar. Numerosas fábricas, no cumprimento de seus *"deveres"* em tonelagem, produzem sistematicamente descartes, na proporção de 30%, 50%, 80% e mesmo 100% de sua produção.[13] Numerosos dirigentes de empresas, malformados, submetidos a uma constante pressão por parte da *"hierarquia"*, resistem ao recorrer a subterfúgios dos mais diversos, mais ou menos engenhosos, porém todos prejudiciais à economia, a fim de apresentar *"balanços"* satisfatórios: dupla planificação, o que significa dupla contabilidade, aumento do peso unitário dos produtos para realizar o plano *"em volume"*, recusa em fundir um metal cujo peso é *"leve demais"*, ausência de produção de peças separadas cujo baixo preço não teria garantido resultados financeiros desejáveis[14] etc. Todos ignoram a economia de matérias-primas. A industrialização é acompanhada de uma rápida dilapidação dos recursos naturais do país, exportados a preços de *dumping* para adquirir no exterior o equipamento tecnológico indispensável à criação de uma indústria pesada.[15] Quanto às máquinas, não raro são utilizadas muito além de suas possibilidades, e o efeito disso é uma grande quantidade de avarias e acidentes. As autoridades centrais e regionais não deixam de periodicamente reagir a esses "*fenômenos negativos*", demitindo de suas funções diversos diretores e gestores de empresas insolventes, criticados por sua incapacidade em "*dominar a nova técnica*", à menor oportunidade como suspeitos de sabotar deliberadamente a produção.[16] De maneira significativa, a esse respeito não existe a menor distinção entre sanção administrativa e sanção penal. A depender da conjuntura política, pelo mesmo erro um responsável pode responder por "*negligência*" ou por "*crime contrarrevolucionário*". Isso torna bastante precária a posição dos líderes de qualquer empresa — fábrica ou kolkhoz — tomada entre os imperativos irrealistas da hierarquia e a resistência passiva de seus subordinados, a todo tempo à mercê de alguma acusação de sabotagem, uma vez que a empresa pela qual têm a responsabilidade não apresenta resultados satisfatórios. Essa situação de permanente tensão e insegurança desenvolve um "*estilo de comando*" brutal, quase militar, pelo qual cada indivíduo tende a se tornar um déspota para com seus subordinados e um servo diante de seus superiores.[17] É preciso atingir os objetivos fixados, não importa a qual preço, e não aceitar nem discussão, nem reservas, nem explicação.

A industrialização, fundada num esforço produtivista cego e desordenado, tem também por corolário uma forte degradação das condições de vida e de trabalho dos trabalhadores. O apoio sem reservas dos sindicatos ao esforço produtivista, a pressão e as ameaças exercidas pela direção das empresas sobre os trabalhadores em nome da "*necessidade de realizar o plano*" ocasionam um "despotismo de fábrica" particularmente brutal. Fortalecidos em sua autoridade, numerosos dirigentes de empresa por vezes impõem aos operários jornadas de trabalho (12 a 16 horas) que ultrapassam em muito os limites fixados por lei. Em algumas fábricas, os dias de folga são quase todos suprimidos. As normas de segurança e de prevenção a acidentes de trabalho não são respeitadas. De maneira significativa, as estatísticas globais relacionadas aos acidentes de trabalho deixam de aparecer no início dos anos 1930. Sob o pretexto de lutar contra o caráter indisciplinado e negligente de uma mão de obra instável, composta em sua maioria de ex-camponeses fugidos de vilarejos, pouco qualificada e pouco motivada, as sanções a uma *"ausência injustificada"* ou por atraso tornam-se cada vez mais severas. A partir de novembro de 1932, um único dia de ausência injustificada acarreta uma demissão sem aviso prévio nem indenização, uma expulsão do *"culpado"* e de sua família do seu alojamento, caso esse alojamento, o que muitas vezes é o caso, seja fornecido pela empresa, para não falar da retirada dos cartões de racionamento. Durante os anos 1931-1936, as normas de produção foram muitas vezes revisadas para cima. O movimento stakhanovista, que se inicia com o recorde de produtividade obtido em 31 de agosto de 1935 pelo minerador Alexei Stakhanov, é pretexto para novos aumentos gerais das normas de produção.

No ano em que Stalin lança o slogan *"a vida melhorou, a vida se tornou mais alegre!"*, a esmagadora maioria da população vive pior do que antes. Um velho operário leningradense confia a Anton Ciliga: *"Atualmente vivemos pior do que no tempo dos capitalistas. Se no tempo de nossos antigos patrões tivéssemos tido de passar por tal fome, se nossos salários tivessem ficado tão reduzidos, teríamos feito greve mil vezes!"*.[18] Em 1935-1936, o salário médio dos operários e dos empregados da indústria era em torno de 55-60% do nível de 1928. Em 10 de janeiro de 1935, a abolição dos cartões de racionamento para produtos alimentícios, apresentada como *"uma nova vitória do socialismo"*, na verdade penaliza a todos — isto é, a imensa maioria dos assalariados — para os quais as compras realizadas no contexto do racionamento eram a principal fonte de abastecimento. Na verdade, os novos preços de Estado são de 50% a 70% mais elevados que os antigos preços "*normalizados*" dos produtos racionados.[19] Em 1913, o salário médio anual de um operário lhe permitia comprar 333 quilos de pão, 21 quilos de manteiga, 53 quilos de carne, 83 quilos de açúcar. Em 1936, os valores, todos em expressiva queda, são de respectivamente 241, 13, 19 e 56 quilos. Ao final de 1936, uma delegação operária francesa chega à União Soviética. O minerador Kléber Legay fica estupefato diante das condições de trabalho dos operários e dos preços exorbitantes dos produtos de primeira necessidade. Ele observa os seguintes preços:[20] pão de centeio: 75 kopeks o quilo; carne: de 6 a 9 rublos o quilo; presunto: 18 rublos; camisa masculina: de 39 a 60 rublos; par de sapatos: 290 rublos; casaco: 350 rublos. Salário médio de um operário moscovita: 150-200 rublos por mês.

Diversos outros índices referentes à situação material dos trabalhadores urbanos atestam uma forte degradação das condições de vida. Assim, em Moscou o número de metros quadrados de habitação disponíveis por habitante cai de 6,1 para 4,2 entre 1928 e 1936. Nessa cidade, em 1936, apenas 6% das famílias trabalhadoras dispunham de mais de um cômodo para morar; 40% não tinham mais do que um único cômodo num apartamento comunitário, 24% ocupavam um "*canto*", 5%, um "*corredor*", e 25% moravam em "*dormitórios*", alojamentos de tábuas construídos às pressas nas proximidades de novas fábricas na periferia da cidade.[21]

Quanto ao Partido, longe de ser a organização monolítica, disciplinada, dirigente, capaz de controlar os processos econômicos e sociais como pretende a ideologia em vigor, na verdade, aparece como uma máquina pesada e bastante caótica, um instrumento de poder e controle rebelde e imperfeito, permeado pelas contradições e tensões de uma sociedade em plena mutação. No início dos anos 1930, o

Partido evolui consideravelmente. Seus efetivos são multiplicados por 2,5. Passam de 1,5 para 3,7 milhões de membros entre 1928 e 1932. Durante as grandes campanhas de recrutamento desses anos, mais de 2 milhões de pessoas, portanto quase a metade dos operários, entram para o Partido, em geral sem nenhuma formação ideológica anterior. Suas motivações são diversas: o entusiasmo mais sincero pelo "*grande passo adiante*" que deve "*trazer mudança de vida*" convive com o cálculo e arrivismo de todos aqueles para quem a adesão ao Partido abre as portas a uma promoção profissional e social. Mobilizados nos "*fronts*" da coletivização e da industrialização, muitos comunistas, na verdade, são logo isolados, convocados para as novas tarefas de gestão, de organização e supervisão nas empresas e nos kolkhozes. Entre 1930 e 1933, 660 mil operários comunistas deixam a fábrica para se tornarem empregados ou funcionários, ou para realizar seus estudos.[22] No início de 1933, 233 mil membros do Partido fizeram estágio ou dedicaram-se a um ciclo de estudos que lhes abriu caminho para uma promoção profissional. Os estudantes e alunos das escolas de engenharia — algumas dezenas de milhares de jovens comunistas — formam o contingente mais significativo dos "*vydvizhentsy*", dos promovidos. Representam a futura "*nova* intelligentsia *técnica*" que, a partir de 1936-1937, estará em condições de garantir a sucessão dos antigos "*especialistas burgueses*", cada vez menos numerosos, e dos representantes da "*velha guarda bolchevique*", que quando muito são cerca de quinze anos mais velhos que eles.

O Partido é de fato um microcosmo social heterogêneo que reagrupa militantes de formações, convicções e ideologias bastante distintas. Segundo a expressão de um responsável do Partido, alguns desses militantes — talvez um em cada seis — não passam de "*almas mortas*", um simples nome numa identificação. Numerosos são também os simples membros que, transtornados com tudo o que viram, que fizeram ou permitiram que fosse feito nos anos anteriores (deportações em massa de kulaks, fome, degradação das condições de vida etc.), tornaram-se, segundo a terminologia oficial, *"passivos"*: eles se calam, não comparecem a reuniões, jamais leem a imprensa do Partido,[23] conhecem pouco do programa e do estatuto da organização. Parte deles deixou o Partido ou foi cassada no grande expurgo de 1933. Entre os que têm acesso a cargos de responsabilidade, ainda que subalternos, as atitudes são diversas. Alguns deles, movidos pelo mais desavergonhado oportunismo, não hesitam em constituir verdadeiras máfias (chamadas, na terminologia oficial, de *"círculos familiares"*) cujo único objetivo é o de esculpir um feudo ao abrigo de todo e qualquer controle das autoridades centrais, a fim de ali exercer impunemente suas prerrogativas. Outros, em especial entre os mais recentes *"vydvizhentsy"*, pretendem-se sobretudo fiéis executores das ordens recebidas. Impregnados pelo respeito à hierarquia, por um espírito burocrático, até mesmo militar, esses recém-promovidos, cuja ideologia é dominada por preocupações com o progresso social, sabem se mostrar brutais ante seus subordinados. Não hesitam em denunciar as faltas de seus superiores, sendo elas reais ou imaginárias, uma vez que as autoridades centrais desencadeiam uma campanha contra os gestores suspeitos de sabotarem a economia. Sua formação e sua ideologia os distinguem profundamente dos "velhos bolcheviques" e dos militantes da geração da guerra civil, estes que até 1935-1937 ocupam os mais elevados cargos de responsabilidade. Pelo seu passado, esses militantes sentem-se no direito, se não de emitir um juízo sobre as decisões da direção do Partido, pelo menos de aplicar com *"flexibilidade"* as diretivas não raro irrealistas que emanam das autoridades centrais. Seu passado de proletário e os combates outrora conduzidos lado a lado com os operários por vezes os tornam sensíveis às dificuldades que estes últimos conhecem no trabalho e na vida cotidiana. Às voltas com inúmeros problemas, já que lhes são atribuídas tarefas não raro irrealizáveis, julgam necessário reformar as práticas de gestão e os métodos de direção, de desacelerar os ritmos de crescimento, de redefinir os *"indicadores econômicos"* para permitir ao país respirar um pouco e evitar uma ruptura total do sistema com as massas. Ao mesmo tempo, são tomados pela *"mística"* do Partido, que os impede de criticar a *"Linha Geral"* a partir do momento em que foi adotada e aplicada.

Posicionado no coração das contradições sociais, ao termo do primeiro plano quinquenal o Partido aparece como uma organização em que as tensões e os fermentos de divisão se acumulam; organização cujo crescimento tem sido rápido demais e que é incapaz não apenas de *"dirigir"* os processos socioeconômicos, mas também de manter atualizados os arquivos de seus membros.[24] Em abril de 1933, o Comitê Central lança uma ampla campanha de expurgo do Partido, cujo objetivo é *"garantir uma disciplina de ferro a todos os escalões"*, eliminando *"todos os que não mereçam a dignidade do nome de comunista"*. O decreto de 28 de abril especifica as diversas categorias excluídas: os *"elementos estrangeiros e hostis"*, os *"homens de duas caras"* que, *"apesar dos juramentos que fazem à linha do Partido, provocam o seu fracasso na prática"*, os *"violadores da disciplina de ferro"* que lançam ao descrédito os planos do Partido ao declará-los irrealizáveis, os *"renegados"*, os *"corrompidos, carreiristas, oportunistas e os moralmente degenerados"*, os passivos *"que não compreendem o espírito nem as exigências da disciplina... ou que, politicamente incultos, ignoram o programa, o papel e os decretos fundamentais do Partido"*. A amplidão da purga, que dura um ano e meio (em vez dos cinco meses inicialmente previstos), ao termo da qual mais de um milhão de comunistas deixam o Partido ou dele são cassados, encontra-se na medida da crise que perpassa a organização.

AS CHAVES DAS CONTRADIÇÕES:
A "RUPTURA" E O COMPLÔ

Em janeiro de 1934 tem início o XVII Congresso do Partido, cuja missão era realizar o balanço da *"Grande Virada"*, empreendida quatro anos antes, e de definir os objetivos para os anos seguintes. Esse congresso aparece como o de maior triunfo de Stalin, como o congresso da unidade reencontrada, ou, segundo o termo usado por Kirov, o *"Congresso dos Vencedores"*. O evento proporciona o espetáculo do comício de algumas grandes figuras das antigas oposições. Assim, após terem estado banidos durante muitos anos, reaparecem na tribuna Bukharin, Rykov, Tomsky (antigos dirigentes da corrente *"direitista"* tornada minoritária em 1929-1930), Zinoviev, Kamenev, Piatakov, Preobrajenski (representantes da antiga *"oposição de esquerda"*). Todos os oponentes fazem a sua autocrítica, em termos mais ou menos dignos, antes de alçar Stalin ao pináculo, proclamando-o dali em diante *"chefe das classes operárias do mundo inteiro"*, *"gênio incomparável de nossa era"*, ou, muito simplesmente, *"o maior homem de todos os tempos e de todos os povos"*. Nesse cortejo de louvores, no qual tudo o que importa são os grandes avanços do socialismo, a missão histórica do Partido, este que é guiado por uma visão científica do mundo e da história, por um chefe dotado de uma capacidade *"genial"* de implementar a linha justa, nenhuma voz discordante vem questionar as grandes orientações que, impostas por Stalin em 1929-1930, levaram aos resultados conhecidos por todos. Dando às costas à realidade, os oradores falam em linguagem cifrada, tendo como pano de fundo uma mistificação, limitando-se a denunciar a incapacidade de certos responsáveis por *"traduzir em fatos"* diretivas que são exclusivamente do Partido.

Por certo que a definição dos objetivos a serem atingidos nos anos seguintes é objeto de discussões acaloradas, ou mesmo de desacordos entre as diferentes correntes no seio da direção do Partido. Em matéria de crescimento econômico, por exemplo, duas linhas se entrechocam: a linha *"superindustrialista"* — que prevê um nível de crescimento bastante intenso —, sustentada por Stalin e defendida no congresso por Molotov, é derrotada pela ideia de uma linha de crescimento mais moderada, sustentada por Ordjonikidze e por um grande número de dirigentes de empresas, ávidos por diminuir a pressão produtivista, fonte de permanentes conflitos entre os diferentes escalões da administração econômica, por um lado, entre os trabalhadores e a administração geral, por outro. À leitura da ata do congresso surgem outras linhas de clivagem, por exemplo entre os partidários de um estrito controle central das atividades dos dirigentes locais e dos diretores econômicos e os proponentes de uma relativa autonomia desses diretores, deixados livres para a escolha dos meios na execução das tarefas que lhes são confiadas; entre aqueles para quem a finalidade da *"legalidade revolucionária"* é a defesa do Estado e de sua propriedade e outros para quem essa *"legalidade"* deve ser antes de tudo uma arma, que permita aos cidadãos a defesa contra o arbítrio do poder central. Na realidade, todos esses debates se limitam à medida que evitam toda e qualquer análise realista dos problemas, o que demandaria uma revisão dos próprios fundamentos do sistema em sua totalidade. Nessas condições, o *"sucesso"* conquistado pelos partidários dos ritmos de crescimento econômico moderado de modo algum ameaça as posições de Stalin, já que ninguém questiona as orientações fundamentais da *"Grande Virada"*. Além disso, em sua principal intervenção, Stalin pode desenvolver uma argumentação bastante hábil, que lhe permite se proteger de eventuais críticas à maneira com que dirigiu o país a partir de 1929-1930. Em princípio, não faz concessão alguma. Pelo contrário, em alto e bom som afirma quão correta é a linha política por ele traçada. Essa linha se impôs, venceu, o socialismo foi construído. *"Se no XV Congresso, explica Stalin, ainda cabia a nós demonstrar quão correta era a linha do Partido e conduzir a luta contra certos agrupamentos antileninistas, e se no*

XVI Congresso foi o caso de matar os últimos defensores desses agrupamentos, no atual congresso, em compensação, já não há nada a demonstrar e, sem dúvida, já não há ninguém a abater." O congresso, acreditando ver nessas palavras uma promessa de paz e tranquilidade, aplaude sem reservas. Mas Stalin acrescenta: "*A Linha Geral venceu. Isso está evidente para todos. Em conformidade com a linha política, o trabalho organizacional foi igualmente recuperado, embora nele ainda se tenha um atraso. É preciso recuperá-lo até o nível da direção política... Uma vez traçada a linha política correta, uma vez dada a solução correta para a questão, o êxito da causa depende do trabalho organizador, da organização do combate para a realização da linha do Partido. Uma vez dada a linha política correta, o trabalho organizador decidirá tudo, incluindo o destino da própria linha política*". A lição do discurso é clara: a linha é justa, os problemas que ainda existem resultam de uma "*ruptura*" entre a linha e a prática efetiva, entre o que está decidido e o que é feito. Como se explica essa ruptura? Pelas "*fraquezas da organização*", mas também, como ressalta a imensa maioria dos delegados, pela "*má escolha dos gestores*", pela "*ausência de autocrítica*", pelo "*burocratismo*", pela "*criminosa indolência dos aparelhos locais*" que "*amaciam*", "*atenuam*", "*deformam*", "*ignoram*" as diretivas do Partido, "*a duplicidade dos homens de duas caras*"... Stalin elabora uma verdadeira tipologia dos culpados, que segundo ele, se dividem em três categorias: os "*burocratas incorrigíveis*", que se recusam a fazer sua autocrítica, enganam seus superiores e sabotam as instruções do Partido; os "*tagarelas*", honestos e leais em aparência, na realidade, profundamente incompetentes, capazes de afogar todas as iniciativas numa torrente de discurso vago; os "*altos funcionários que no passado por certo prestaram grandes serviços ao Partido, mas depois se tornaram grandes senhores, que consideram que as leis do Partido e as leis soviéticas não são escritas para eles, mas para imbecis*"... Para Stalin, "*90% das dificuldades provêm da ausência de um sistema organizado de controle sobre a execução das decisões*".[25] O tema da ruptura anuncia a figura do complô. Como vimos, não há uma clara distinção entre a não realização de uma tarefa e a sabotagem deliberada. O fantasma do complô é regularmente mantido por um certo número de casos espetaculares, julgados ao longo de grandes processos públicos, que contam com ampla cobertura da imprensa: processos dos engenheiros da cidade de Chakhty, acusados de terem formado uma ampla rede de sabotagem (maio-julho de 1928); processos de oito altos funcionários do Gosplan, acusados de terem criado um suposto *"Partido Industrial"* que visava solapar a indústria soviética e abrir caminho para uma intervenção estrangeira (novembro de 1930); processos dos *"mencheviques"* (março de 1931); processos de 35 diretores de sovkhozes por *"pertencimento a uma organização de sabotagem contrarrevolucionária"* (março de 1933); processos dos engenheiros (soviéticos e britânicos) da empresa Metropolitan-Vickers (abril de 1933).

As figuras da ruptura e do complô nascem de uma contradição aguda entre a ilusão de um controle que o Partido exerceria sobre o desenvolvimento econômico e social e a ausência real desse controle. Elas são o resultado de uma formidável ilusão política, marcada pela recusa em analisar as causas reais dos fracassos ou das dificuldades. Assim, quando ainda são reconhecidas — e publicamente o serão cada vez menos —, as dificuldades de abastecimento, para citar apenas um exemplo, são explicadas não pela crise profunda que atravessa a agricultura coletivizada, paralisada pela passividade geral dos kolkhozianos, privados do fruto de seu trabalho, mas por um certo número de práticas *"abusivas"* ou *"fraudulentas"* dos responsáveis encarregados pela coleta. Numa primeira etapa, o poder procura lutar contra essas práticas, que, bastante reais, de modo algum dependem da imaginação, mas sim de contradições sociais objetivas (não reconhecidas como tais pela ideologia). Mas como lutar de modo eficaz contra essas práticas inevitáveis, inerentes, ao sistema, sem que se corra o risco de questionar os próprios fundamentos do sistema? Ademais, sendo então inaceitável toda e qualquer análise realista da natureza e das causas dos problemas encontrados, o poder passa a tomar a via de uma mistificação cada vez mais completa. A figura do complô, materializada pelo assassinato de Kirov,* amplificará o tema da ruptura entre a linha e a sua aplicação prática. Toda a não realização dos projetos e das promessas de um poder que se diz e se crê todo-poderoso será imputada à atividade subversiva de sabotadores, de espiões e de agentes do inimigo. Em abril de 1937, no auge da "*yezhovshina*",† assim está escrito no *Pravda*: "*Em um bom número de empresas ainda circula a teoria putrefata e politicamente nefasta segundo a qual as avarias seriam males inevitáveis, organicamente ligados a processos técnicos complicados. Desse modo, responsáveis bem qualificados... chegam a conclusões completamente utilitaristas e superficiais, testemunhos de uma miopia política intolerável, de uma incapacidade em reconhecer o inimigo e de uma total inépcia em desmascará-lo...*".[26]

Uma verdadeira demonização invade o discurso oficial. Por toda a parte ela faz surgir esses "*monstros*", esses "*cães sarnentos*", essas "*víboras lúbricas*" denunciados por Vychinski ao longo dos processos de Moscou. Essa fuga diante do real se traduz pela instauração de uma linguagem cifrada, que cada vez mais dá às costas ao princípio de realidade, para se dedicar à expressão de certo número de mitos, os quais definitivamente ganham forma nos anos 1934-1936. Esse discurso se apoia, em primeiro lugar, numa verdadeira mística do Partido. Essa atitude, que não remonta aos anos 1930, tende a colocar como verdade o que é enunciado pelo Partido: "*Eu sei que não se pode ter razão contra o Partido... pois a história não criou outro meio para a realização do que é justo*", dizia Trótski no XIII Congresso do Partido, em 1924. No XIV

---

* Em 10 de dezembro de 1934, Kirov, membro do Politburo, era primeiro-secretário da região de Leningrado do PCUS. Ver p.104.
† Período de dois anos (1936-1938) marcado por uma repressão em massa dirigida a membros do Partido, intelectuais, líderes da economia, organizada sob os auspícios de N. Yezhov, chefe do NKVD.

Congresso, ao discutir com a viúva de Lênin, que defende uma opinião diferente da maioria, Bukharin declara: "*N.K. Krupskaia afirma que a verdade é o que corresponde à realidade, todos podem vê-la, escutar e responder por si mesmos. Mas no que então se transforma o Partido? Desapareceu como num passe de mágica*".[27] Piatakov, outro dos principais acusados nos processos de Moscou, em 1928 expressa a mesma ideia: "*Estou de acordo em dizer que os não bolcheviques, e, de modo geral, as pessoas comuns, são incapazes de operar uma mudança instantânea, total, uma amputação de suas convicções... Não somos como ninguém. Somos um partido composto de homens que tornam possível o impossível. E se o Partido o exige, se isso lhe é importante e necessário, por um ato de vontade, expulsaremos da mente as ideias que defendemos durante anos... Sim, verei preto onde se acreditava ver branco, pois, para mim, não existe vida fora do Partido, fora do seu acordo*".[28] Essas declarações — seria possível multiplicá-las — são reveladoras. Partilhadas sem a menor dúvida pela grande maioria dos delegados do XVII Congresso, elas permitem compreender a transformação da "*linha*" do Partido num verdadeiro dogma, no qual duvidar já é trair,[29] como permitem a criação de um consenso em torno das figuras da ruptura e do complô.

A explicação pela ruptura e o fantasma do complô não está limitada às esferas dirigentes, aos membros do Partido. Essas ideias são amplamente compartilhadas pelas massas, que não imaginam que as dificuldades com que se debatem podem não se dever, ao menos em parte, aos abusos, ou mesmo à sabotagem, de certo número de dirigentes.

A partir do verão de 1935, a direção do Partido aceita, por razões táticas bastante específicas,* abrir um espaço de expressão ao descontentamento trabalhista, orientando-o para a crítica aos líderes e dirigentes

---

* A imposição, dada a má gestão então reinante em tão numerosas empresas, de mais "disciplina" aos dirigentes econômicos e aos membros locais do Partido. Sobre a análise dessa campanha populista e antiburocrática de Stalin, Yezhov e Zhdanov nos meses que precedem os processos, ver adiante p. 117-118.

ENSAIO DE INTERPRETAÇÃO: O COMPLÔ NA PRÁTICA POLÍTICA SOVIÉTICA

"*culposos*". Um sem-número de reclamações aflui aos jornais, às organizações judiciárias e às instâncias regionais do Partido. A análise dos dossiês de reclamações mais autênticas, já que não expurgadas pela censura, contidas nos arquivos de Smolensk,[30] permite que façamos uma ideia, por certo que parcial e limitada, do modo como uma amostragem representativa das "massas" analisa a situação. Os autores das cartas jamais questionam de maneira explícita as condições objetivas do funcionamento do sistema. Não criticam abertamente os princípios segundo os quais são fixados os salários e as normas, não mais que o modo de identificação dos dirigentes denunciados ou as condições em que são escolhidos. Consideram-se vítimas de abuso por parte de tal ou qual agente do sistema. Atribuem sua sorte difícil, por vezes insuportável, a indivíduos determinados, chefes, funcionários ou dirigentes locais com os quais têm ligações. Reprovam esses "*potentados*", que de bom grado comparam os "*patrões e guardas do antigo regime*" a sua "*arbitrariedade administrativa*", sua "*dureza*", mesmo sua "*brutalidade*", "*corrupção*", seus "*lazeres e privilégios senhoriais*". As reclamações são redigidas segundo o estilo oficial — seus autores utilizam os argumentos e o vocabulário da linguagem cifrada da ideologia: tal gestor é acusado de ser "*um criminoso em liberdade mascarado de comunista*", já outro é apresentado como "*um homem de duas caras*" etc.

Em que medida o discurso oficial se encontra interiorizado? É difícil dizer. Os autores das reclamações voluntariamente se limitam a denunciar apenas atos ou indivíduos que a ideologia identifica como condenáveis? Uma constatação, contudo, vem à tona: a hostilidade profunda do "*homem comum*" em face dos "*burocratas*", de patrões odiados por seu carreirismo, por sua corrupção, sua atitude de bem-sucedidos, por sua dureza. O discurso populista stalinista — que destina à desonra pública uma certa burocracia, condena "*a atitude escandalosa dos burocratas sem coração*" para com os simples trabalhadores, para com homens, "*nosso capital mais precioso*", dizia Stalin, e explica as dificuldades daquele momento pelas sombrias maquinações dos "*falsos comunistas de duas caras*" —, esse discurso passa diretamente à base.

Os grandes processos públicos dos dirigentes decaídos serão a ocasião para celebrar e estreitar a aliança entre o guia e seu povo, unidos contra os novos senhores traidores e ignóbeis.

O COMPLÔ MATERIALIZADO: O ASSASSINATO DE KIROV

Em 01 de dezembro de 1934, por volta das 16 horas e 30 minutos, Serguei M. Kirov, primeiro-secretário do Partido da região de Leningrado, membro do Gabinete Político, deixou seu escritório no terceiro andar do Instituto Smolny, em Leningrado, em direção a uma sala vizinha, na qual deveria apresentar, diante dos responsáveis locais do Partido, um relatório sobre a sessão do Comitê Central que acontecera alguns dias antes. Quando se encontrava no corredor, foi abatido por um golpe de revólver nas costas por Nikolaiev, jovem komsomol* que conseguira adentrar, armado, o centro de operações do Partido em Leningrado.

O governo reagiu de imediato, tomando medidas excepcionais. Enquanto Stalin, Vorochilov, Molotov e Zhdanov, acompanhados por muitos altos responsáveis do NKVD, encontravam-se na noite daquele mesmo dia em Leningrado para conduzir a investigação, um decreto organizou o processo judiciário da repressão. Ele elimina os direitos

---

* Komsomol ou comsomol (em russo, Комсомол) era a organização juvenil do Partido Comunista da União Soviética (PCUS). Chega-se ao nome por uma contração de Kommunistitchéski Soiuz Molodiôji (Коммунистический союз молодёжи), que significa União da Juventude Comunista, criada em outubro de 1918. A filiação a ela era permitida aos que tivessem de 14 a 28 anos. Tendo passado por diversas modificações ao longo da existência da URSS, foi dissolvido após seu colapso, em 1991. (N. do T.)

normais de defesa de todos os acusados pela preparação ou execução de atos terroristas, ordena aos promotores que acelerem a instrução do processo desses acusados, exclui todos os pedidos de clemência e ordena a execução imediata das sentenças de morte tão logo foi pronunciado o julgamento.

Nas semanas seguintes, as autoridades apresentam diferentes versões, fragmentárias, incoerentes e contraditórias do *"caso Kirov"*. Em 4 de dezembro, a imprensa anuncia a detenção, em Leningrado, de 37 *"guardas brancos"* que teriam sido introduzidos no país *"para organizar os atos terroristas"*. No dia seguinte, foi anunciada sua execução pela *"participação nos atentados terroristas contra os funcionários do governo soviético"*. Nos dias subsequentes, os jornais comunicaram a notícia da execução de 104 *"terroristas"* em Leningrado, Moscou e Kiev. Em 17 de dezembro, o Comitê do Partido de Moscou publicava no *Pravda* uma resolução que maculava *"esses odiosos agentes da classe inimiga, infame escória do antigo grupo zinovievista antipartido, que nos arrancou o camarada Kirov"*.[31] Foi a primeira alusão pública específica aos pretensos motivos práticos que teriam inspirado o assassinato de Kirov. Até então o assassinato tinha sido imputado oficialmente apenas a Nikolaiev, ao passo que grupos da *"guarda branca"* eram vagamente acusados de *"terrorismo"*.

Em 22 de dezembro, a agência Tass revelava que o *"crime odioso"*[*] seria obra de um *"Centro de Leningrado"*, dirigido por Kotolynov, antigo membro do Comitê Central do Komsomol, e compreendia, além de Nikolaiev, seis outros antigos zinovievistas arrependidos, que tinham sido expulsos do Partido, e depois reintegrados após terem assinado a sua submissão à linha. No dia seguinte, o *Pravda* publicava a lista de todos os *"zinovievistas"* presos por sua ligação com o caso. Entre os quinze nomes figuravam os de Zinoviev, Kamenev, Evdokimov, Zalutsky, Kukline e Safarov. Essas seis personalidades deveriam, *"na ausência de dados suficientes para lhes fazer comparecer diante de um* *tribunal, ser remetidas a uma corte especial, que julgaria a oportunidade de um exílio administrativo".* Em 27 de dezembro, a imprensa publicava o ato de acusação oficial estabelecido contra o *"Centro de Leningrado".* Os quatorze réus estavam sendo acusados de ter organizado o assassinato de Kirov, de haver urdido, em colaboração com a *"guarda branca",* uma ampla conspiração cujo objetivo era assassinar Stalin, Molotov e Kaganovich e preparar o caminho para uma intervenção armada de potências estrangeiras. Os quatorze acusados que, à exceção de Nikolaiev e de dois outros, tinham negado qualquer participação no complô, foram julgados a portas fechadas em 28 e 29 de dezembro. Foram todos condenados à morte e em seguida executados.

Em 16 de janeiro de 1935, diante do Tribunal Militar da Corte Suprema inaugurava-se um outro processo, dirigido contra Zinoviev, Kamenev, Evdokimov, Bakaiev, Kukline e quatorze outros acusados. Os dezenove réus foram acusados por ter constituído um *"Centro Moscovita de Atividade Contrarrevolucionária",* que aspirava a *"encorajar politicamente as tendências terroristas do Centro de Leningrado".* Zinoviev e Kamenev, em suma, estavam sendo acusados de *"cumplicidade ideológica"* com os assassinos de Kirov por não ter *"lutado de maneira suficientemente enérgica contra a decomposição que era a consequência objetiva de sua posição antipartido, no terreno da qual um grupo de malfeitores pudera nascer e realizar o seu plano".*[32]

Zinoviev admitiu que *"o Partido estava com toda a razão ao falar da responsabilidade política do antigo grupo zinovievista, antipartido, no assassinato que havia acabado de ser cometido".* Kamenev reconheceu que *"a antiga atividade da oposição, pela força das circunstâncias objetivas, não podia mais do que estimular a degeneração desses criminosos".* Por certo que os acusados rejeitavam as acusações que os associavam diretamente ao assassinato e afirmavam não conhecer os membros do *"Centro de Leningrado".* Mas o reconhecimento de sua espantosa *"cumplicidade ideológica"* com os assassinos, que vinha após tantos arrependimentos e retratações públicas, expunha-os a figurar como vítimas expiatórias em processos futuros. Nesse ínterim, tal reconhecimento veio lhes acarretar entre cinco e dez anos de reclusão criminal.[33]

Uma semana depois, em 23 de janeiro de 1935, inaugurava-se ainda outro processo relacionado ao assassinato de Kirov, o de Medved, Zaporojetz e dez outros dirigentes do NKVD de Leningrado. A primeira acusação era grave: *"Dispondo de informações sobre um atentado em preparação contra Kirov, esses agentes haviam manifestado não só uma atitude imprudente, mas também uma negligência criminal, uma vez que não tomaram as medidas necessárias para impedir o assassinato"*. As sentenças foram extremamente leves: dois a três anos de prisão para os principais culpados.[34] O assassinato de Kirov foi enfim retomado, dezoito meses mais tarde, *"tomando por base novos elementos descobertos pelo NKVD"* no ato de acusação do primeiro processo de Moscou, durante o qual a responsabilidade moral e ideológica de Zinoviev e de Kamenev foi substituída por sua plena culpabilidade de autores do crime. O assassinato foi, mais uma vez, amplamente evocado ao longo dos segundo e terceiro processos. A lista dos participantes nesse *"crime celerado, do qual partem e para o qual convergem todos os fios da traição"* (Vychinski), assim cresce consideravelmente, vindo a atingir cerca de sessenta pessoas, expressamente nomeadas.

Para a maior parte dos historiadores ocidentais da União Soviética, o assassinato de Kirov aparece, segundo a fórmula de um deles, como *"o crime do século"*.[35] Marca um ponto de virada na história da URSS dos anos 1930: *"É o empurrão*, escreve Robert Conquest, *que conduz ao terrível terremoto do Grande Terror, do qual os processos de Moscou constituem o evento-espetáculo"*. Para Robert Conquest, como para numerosos sovietólogos, não há nenhuma dúvida de que Nikolaiev não agiu sozinho. Na verdade, o instigador direto do assassinato, seu patrocinador, era ninguém menos que o próprio Stalin,

principal beneficiário do acontecimento. A ideia de culpabilidade de Stalin foi sugerida pela primeira vez por Trótski em *La Bureaucratie stalinienne et l'assassinat de Kirov* [A burocracia stalinista e o assassinato de Kirov] (1935). Admirado com a leveza das penas infligidas aos responsáveis pelo NKVD de Leningrado, Trótski implicou Stalin no caso: *"A confissão da participação real da polícia secreta é coberta por um enunciado pobre sobre a negligência. Medved sabia, é o que nos diz o julgamento. Não temos dúvida disso. Por meio de quem ele sabia? Por seus próprios agentes, que participaram da preparação do atentado e ao mesmo tempo estavam de olho em Nikolaiev. O que foi feito desses agentes? No processo de Medved, nem uma palavra sobre eles. Sem o acordo direto de Stalin – mais exatamente sem a sua iniciativa –, nem Yagoda, nem Medved jamais teriam se decidido por montar uma operação tão arriscada".*[36]
A hipótese da participação de Stalin foi retomada, alguns anos mais tarde, por Walter Krivitsky[37] e mais tarde, após a guerra, por Alexander Orlov,[38] ambos agentes dos serviços secretos soviéticos que passaram para o Ocidente. Esses escritos foram recebidos com ceticismo. O ceticismo foi dissipado pelas *"revelações"* feitas por Kruschev no XX Congresso, por ocasião da sessão *"secreta"* de 25 de fevereiro de 1956. Entretanto, as *"revelações"* relacionadas ao assassinato de Kirov não tinham nada de muito espetacular. Kruschev, em essência, retomou os detalhes dados em 1938 durante o terceiro processo, sobre a detenção e posterior libertação de Nikolaiev, alguns dias antes do assassinato, a morte *"extraordinariamente suspeita"*, num acidente automobilístico, do guarda-costas de Kirov, no dia seguinte ao assassinato. Mas ao afirmar que as *"circunstâncias que cercam o assassinato de Kirov dissimulam muitas coisas inexplicáveis e misteriosas"*, desvendando, na sequência de seu relato, as *"coisas abjetas que eram praticadas naquela época"*, Kruschev, por meio de suas hábeis sugestões, naturalmente aguçava seus ouvintes para o eventual papel desempenhado por Stalin no caso Kirov.

ENSAIO DE INTERPRETAÇÃO: O COMPLÔ NA PRÁTICA POLÍTICA SOVIÉTICA

Cinco anos depois, Kruschev de novo, dessa vez publicamente, no XXII Congresso, faz alusão ao assassinato de Kirov, sem, contudo, trazer especificações decisivas. Insinuou que *"alguém"* esteve por trás do assassinato, agindo por intermédio de Yagoda, que deu as instruções necessárias a Zaporojetz. Esse *"alguém"* não poderia ser, como afirmava Yagoda no processo de 1938, Yenukidze (personagem com funções bastante subalternas em relação às do chefe do NKVD), deveria então ser o próprio Stalin.

Reatualizando, pouco depois do XXII Congresso, um texto célebre publicado em 1936, a *Carta de um Velho Bolchevique* — transcrição mais ou menos fiel das entrevistas que ele fizera com Bukharin na última visita deste a Paris, em 1936 —, Boris Nikolaievski relembrou os motivos do assassinato de Kirov, perpetrado, segundo ele, por Stalin. Ao eliminar Kirov, Stalin se livrava de um perigoso rival, jovem, enérgico, russo além de tudo, porta-voz de uma linha moderada, preocupado com a legalidade e com a democracia no seio do Partido e da sociedade.

Nos anos 1960-1970, a maior parte dos historiadores que se debruçou sobre a questão reteve a explicação que Kruschev parecia querer sugerir: a responsabilidade direta de Stalin no assassinato de Kirov. Entretanto, passados alguns anos, essa versão dos fatos foi se tornando cada vez mais contestada por certo número de historiadores, que alegavam os seguintes argumentos:

1. Kirov, ao contrário da ideia desenvolvida pelos historiadores soviéticos da época krusheviana,[39] era um stalinista dos mais ortodoxos, que não propunha nenhum programa original, que diferisse do de Stalin. Portanto, não podia aparecer nem como concorrente, nem como alternativa.
2. Ao admitir que Stalin tivesse desejado eliminar Kirov, ele seria visto dessa forma? Ainda que desfrutasse de um poder bem menor que em 1934,

Stalin continuava a rebaixar indivíduos que fossem populares para os comunistas, como Bukharin ou Tomsky. Stalin tinha boas razões para desconfiar de Yagoda. Poderia ter confiado a ele uma missão tão perigosa? Assassinato à parte, em 1934 existia uma única possibilidade que permitiria derrubar Stalin, a saber, que Yagoda confiasse um segredo dessa natureza aos outros membros do Gabinete Político.[40]

3. Stalin, por mais desconfiado que fosse e temendo um possível atentado, jamais assassinaria um alto responsável do Partido, por receio de que esse mau exemplo tivesse consequências. "Segundo Adam Ulam,[41] *basta ser um pouco familiarizado com a história do movimento revolucionário russo para conhecer o efeito inebriante que pode exercer sobre as vítimas da opressão política a notícia de um assassinato político bem-sucedido.*"

4. Por que excluir a tese do ato isolado, interroga-se Martin Malia. "*No pandemônio desse ano de 1934, e numa situação em que a ditadura ainda não estava muito organizada, havia milhares de pessoas dispostas a expressar seu ressentimento contra o Partido, em razão dos extraordinários sofrimentos impingidos pelo plano quinquenal, e havia guardas como Nikolaiev para assassinar Kirov.*"[42]

5. Enfim, as mudanças e as contradições na caracterização oficial dos culpados parecem sugerir que as autoridades — e Stalin em primeiro lugar — não estavam em condições de dar, nas semanas que se seguiram ao assassinato, uma explicação coerente, previamente preparada e politicamente eficaz para o acontecimento.[43]

Decerto o que se tem é que o assassinato de Kirov, o único real atentado terrorista entre todos os atentados trazidos à tona durante os processos de Moscou, materializa de forma fulgurante a figura do complô. Além disso, esse atentado pesa no clima político. Permite alimentar uma atmosfera de crise e tensão. A todo momento pode servir de prova tangível da existência de uma ampla conspiração que ameaça o país, seus dirigentes, o socialismo. Acaba por proporcionar uma excelente explicação para as fraquezas da estrutura do sistema: se as coisas vão mal, se a vida está difícil, enquanto deveria ser *"contente e feliz"*, isso é culpa *"dos assassinos de Kirov"*.

Porém, também é verdade que esse acontecimento não foi de pronto "capitalizado" por Stalin e seus partidários. Passaram-se quase dois anos entre o assassinato de Kirov e o primeiro processo de Moscou.

ELIMINAÇÃO DA "RUPTURA": EXPURGOS DO PARTIDO E CAMPANHAS ANTIBUROCRÁTICAS

Nos 21 meses que separam o assassinato de Kirov do primeiro processo de Moscou veem o reforço da posição de Stalin e de seus partidários, o estabelecimento de novas estruturas repressivas e o desenvolvimento de uma ampla campanha *"antiburocrática"* dirigida contra todos os supostos responsáveis pela *"ruptura"* entre a linha justa e a sua aplicação. Durante o ano de 1935, remanejamentos significativos da liderança tenderam a reforçar a posição de Stalin e de seus partidários. É verdade que a Plenária do Comitê Central, que é realizada em 10 de fevereiro de 1935, dias depois do falecimento de Kuibyshev[44] e durante a qual são eleitos quatro novos membros do Gabinete Político, não modifica decisivamente o equilíbrio de forças em favor de Stalin. Dos dois membros titulares eleitos, Mikoyan e Chubar, apenas o primeiro é apoiador declarado de Stalin. Entretanto, a eleição — como membro suplente — de Zhdanov, fiel stalinista, e sobretudo sua nomeação ao posto-chave de primeiro-secretário do Partido em Leningrado, assim como a promoção, algumas semanas depois, de Kruschev para a chefia da organização do Partido de Moscou, permitem aos stalinistas ter sob o seu controle as duas principais organizações do Partido. Ainda mais significativa, embora pouco percebida, é a promoção de um funcionário pouco conhecido, Yezhov, futuro chefe do

NKVD. A partir de 1930, Yezhov, um dos mais próximos colaboradores de Stalin, dirigia um dos departamentos essenciais do Partido, o dos gestores. Além disso, de 1933 em diante, ele se tornou um dos membros do Departamento Político Especial da Segurança do Estado, seção especial do Secretariado Pessoal de Stalin, encarregado de supervisionar os órgãos de segurança. Na Plenária de fevereiro de 1935, Yezhov é eleito secretário do Comitê Central. Um mês depois, é nomeado para a presidência da Comissão Central de Controle, órgão responsável pela disciplina e ortodoxia dos membros do Partido. Em alguns meses, Yezhov concluirá o expurgo dessa comissão. Na chefia do Departamento dos Gestores, ampliado e reorganizado, Yezhov se distingue por sua "*vigilância antiburocrática*" dos aparelhos locais do Partido, dos responsáveis pelas empresas e dos "*especialistas*" suspeitos de desvio, corrupção e mesmo de sabotagem. A promoção de Malenkov, que se torna adjunto de Yezhov, e a de Vychinski, nomeado procurador-geral, vem completar o domínio de stalinistas fiéis nos principais postos-chave do Estado e do Partido.

Durante o ano de 1935, um certo número de disposições legais agrava ainda mais o sistema repressivo. Em 8 de abril, um texto amplia as penas do direito comum, aí compreendida a pena de morte, às crianças com mais de 12 anos. O decreto de 9 de junho, acrescentado pouco depois ao célebre artigo 58 do Código Penal,[45] é particularmente revelador do novo estado de espírito. Ele proíbe, sob pena de morte, a fuga para o estrangeiro por parte de qualquer cidadão soviético. Pune com prisão qualquer pessoa que se abstiver de denunciar um "*ato de traição*". Tem-se aí um verdadeiro apelo à delação generalizada e a instauração de um princípio de responsabilidade coletiva.

O ano de 1935 marca também o início da grande ofensiva stalinista de "*estatização da memória*".[46] A história que, na ideologia, ocupa um lugar central, uma vez que funda a legitimidade do poder, é mais uma vez "refundada" para se tornar, segundo escreve o *Pravda*, "*uma ciência concreta, uma verdade objetiva e, com isso, uma grande arma no combate pelo socialismo*". Os fatos são retrabalhados, falseados, os atores da história desaparecem ou, ao contrário, veem seu papel desmesuradamente ampliado. E ao final dessa revisão, dessa apropriação do passado: o espantoso ato de acusação do terceiro processo, no qual Bukharin, "*o queridinho do Partido*", é acusado de ter conspirado contra Lênin em 1918, a fim de assassiná-lo! Em março de 1935, uma circular do Comitê Central ordena a retirada das obras de Trótski, Zinoviev e Kamenev de todas as bibliotecas. Essa circular é logo seguida de dois outros textos destinados a purgar as bibliotecas de um grande número de livros políticos ou históricos indesejáveis ou "*ultrapassados*". Em 25 de maio de 1935, um decreto do Comitê Central abole a Sociedade dos "velhos bolcheviques". Um mês depois, desaparece a Sociedade dos Antigos Condenados Políticos.[47] As comissões encarregadas da liquidação dessas sociedades são presididas respectivamente por Malenkov e por Yezhov. O que deve ser reprovado nessas duas associações? Terem apresentado uma petição com o intuito de fazer com que a pena de morte não fosse aplicada aos membros da oposição. Terem perpetuado uma certa mística da Revolução, preservando com isso a lembrança das façanhas dos "*tempos heroicos da clandestinidade*", logo, de deter parte da memória do Partido. Essas duas sociedades tinham a sua própria editora, que publicava memórias de veteranos, escritos de revolucionários russos do século XIX, obras teóricas ou livros esgotados, como *Mémoires [Memórias]*, do marquês de Custine, ou proibidos pela censura tsarista, como *Les Notes d'outre-tombe [As notas de além-túmulo]*, de Petcherine, relato trágico de um dos primeiros desertores russos, professor da Universidade de São Petersburgo, que nos anos 1830 ficou no estrangeiro por ocasião de uma viagem de estudos. Tantos eram os livros que poderiam fazer refletir, sobretudo sobre as relações entre o passado russo e o presente soviético.

Em fins do mês de julho de 1935, apareceu no *Pravda*, assinado por Beria, o primeiro dos extratos daquilo que viria a ser a única relação autorizada da história do bolchevismo pré-revolucionário no Cáucaso. Essa nova história era um verdadeiro panegírico a Stalin, apresentado como o grande fundador e organizador do bolchevismo caucasiano. Segundo Beria, o papel de Stalin tinha sido deliberadamente minimizado por Orakhelachvili e Yenukidze "*numa intenção hostil*". Aliás, algumas semanas antes isso já havia sido denunciado numa reunião do Comitê Central pelo vago motivo de "*perversão política e privada*".[48]

Alguns meses depois, Stalin publica seus comentários sobre os manuais de história, assumindo assim o papel de historiador-chefe. Esses comentários implicam numa profunda revisão da história das relações entre russos e não russos. Fundam uma nova história, "*um híbrido monstruoso de nacionalismo e marxismo*",[49] cuja função principal é legitimar o poder de Stalin, que encarna o Partido, que encarna o proletariado revolucionário, que encarna a ideia do progresso. Por meio do falseamento e da seleção de fatos, a ideia se impõe com uma filiação única: Marx, Engels, Lênin, Stalin. A história do partido torna-se a história de uma luta entre a linha justa, encarnada por Lênin, depois por Stalin, com toda uma série de desvios.

A publicação dos comentários é seguida por uma operação "*de ativização e de aperfeiçoamento ideológico*" dos membros do Partido. As *instruções para uma melhor compreensão da história do Partido* alcançam as células de base. "*É indispensável lembrar*, pode-se ler ali, *que o conhecimento e a compreensão da história são os meios essenciais para concretizar plenamente a vigilância revolucionária dos comunistas. A seção de cultura e propaganda propõe às células organizarem o que foi exposto, os planos, em especial para o período da história do Partido posterior a 1917, e organizarem seminários, grupos de estudo da história do Partido, com o intuito de esclarecer em particular a luta do Partido contra os diversos grupelhos e oposições antipartido... Os materiais dos manuais de história deverão ser atualizados com fatos dos últimos tempos, e depois disso devem ser extraídas todas as conclusões políticas dos acontecimentos ligados ao ignóbil assassinato do camarada Kirov...".*[50]

O ano de 1935 e o primeiro semestre de 1936 viram enfim se desenvolver uma ampla campanha *"antiburocrática"* destinada a desmascarar os responsáveis pelas persistentes dificuldades que assolam o país. Para eliminar a *"ruptura"*, pôr o *"trabalho organizacional ao nível da linha política justa"*, o XVII Congresso adotou uma resolução que demandava que o Partido fosse logo purgado de todos os seus *"carreiristas, aproveitadores e elementos burocratizados"*, de seus membros *"moralmente degenerados"*, de seus *"homens de duas caras"*, de todos os *"elementos estrangeiros"*, de todos os que *"violavam a férrea disciplina do Partido"*.[51]

Em 20 de agosto de 1934, o Comitê Central ordena a troca de carteiras dos comunistas que já tinham sido *"verificadas"* no contexto do expurgo do Partido, iniciada em maio de 1933. Oficialmente, essa operação respondia a considerações de caráter administrativo e técnico. No início dos anos 1930, com o intenso afluxo de novos membros, uma desordem indescritível passou a imperar nos registros do Partido. Com as turbulências da industrialização, da coletivização, da política de promoção maciça dos membros do Partido, milhares de comunistas tinham mudado de profissão, de colocação, de local de trabalho. Numerosas organizações mostravam-se bastante incapazes de elaborar uma lista exata de seus inscritos, e menos ainda de delimitar sua biografia. Assim, para ficar em apenas alguns exemplos, metade das carteiras do Partido controladas em Leningrado em 1935 revelou-se falsa ou inválida; no Comitê do Partido da fábrica de tratores de Stalingrado, a direção não possuía nenhum dossiê sobre 366 pessoas *"que reclamavam da organização e tinha consigo uma carteira do Partido"*; no comitê distrital de Novodudinsk, perto de Smolensk, desde 1929 eram emitidas carteiras "*a todos os que as solicitassem*", sem que nem mesmo qualquer registro fosse feito...[52] Segundo as autoridades centrais, algo em torno de 200 mil comunistas encontravam-se em situação irregular: suas contribuições não estavam em dia, suas carteiras ou careciam de carimbo oficial ou traziam indicações inexatas... A troca das carteiras deveria trazer um pouco de ordem aos fichários do partido.[53] Mas a maior parte dos responsáveis locais via nessa medida apenas uma nova corveia que lhes tinha sido imposta de cima. Então não se apressavam em atualizar seus fichários. Diante da morosidade da operação, em novembro de 1934, o Departamento dos Gestores decidiu lançar, para o ano seguinte, um novo procedimento de verificação das carteiras do Partido.

Logo após o assassinato de Kirov, o Comitê Central enviou a todas as organizações do Partido uma circular secreta, intitulada *Lições dos Acontecimentos Relacionados ao Ignóbil Assassinato do Camarada Kirov*. Essa circular deveria ser lida e discutida em todas as células. Ainda que não tenhamos o texto da circular, com base nas discussões que ela suscitou, podemos pensar[54] que ela revelava a existência de um complô na origem do assassinato, e nesse complô estariam implicados os "*trotskistas*" e os "*partidários de Zinoviev e de Kamenev*". A circular convocava os militantes a buscar e a expulsar do Partido todos os "*simpatizantes de Trótski, Zinoviev e Kamenev*". A versão oficial do assassinato de Kirov, que tinha sido perpetrado por um indivíduo que adentrara o Instituto Smolny graças a um documento do Partido (Nikolaiev teria contado com uma "*falsa*" carteira do Partido) demonstrava de modo flagrante "*a imensa importância política*" da campanha de verificação das carteiras. A desordem dos fichários, a emissão anárquica das carteiras, na verdade, havia permitido aos contrarrevolucionários penetrar no Partido. Apesar das pressões das autoridades centrais, ao que tudo indica o zelo dos responsáveis locais manteve-se bastante moderado. Nos seis meses que se seguiram ao assassinato de Kirov, dos 5,5 mil comunistas da região de Smolensk apenas 21 foram expulsos "*por pertencerem a uma corrente trotskista-zinovievista, por seus sentimentos antissoviéticos, por suas críticas ao Comitê Central e ao camarada Stalin em particular*".[55]

Em 13 de maio de 1935, o Comitê Central redigiu outra circular secreta a todas as organizações do Partido.[56] De acordo com esse documento, uma investigação especial revelou que no curso daqueles dois últimos anos, emitiram-se mais de 200 mil duplicatas de carteiras do Partido e que foi "*perdido o sinal*" de 47 mil carteiras. Além disso, não é de surpreender que inimigos do Partido e do proletariado estivessem de posse de uma carteira de membro, da qual se serviam para desempenhar, livre de riscos, sua infame tarefa de sabotagem. Em ampla medida, tudo isso era "*o efeito de uma negligência e de uma desordem extremas no fichamento dos comunistas*". O texto criticava violentamente os dirigentes locais que "*sabotam a operação de verificação das carteiras*" e ordenava-lhes, sob pena de exclusão, que verificassem pessoalmente, nos dois-três meses que se seguiriam, a carteira e a biografia de cada comunista.

A maior parte dos dirigentes locais reagiu a essa circular com um controle puramente rotineiro dos fichários do Partido. Jamais se viam inclinados a conduzir uma operação ampla de verificação. Uma estrita contabilização das admissões ao Partido, um controle centralizado da progressão e a execução de toda e qualquer ordem vinda de Moscou efetivamente restringiriam suas prerrogativas e seus poderes e, para alguns, ameaçariam o seu domínio sobre toda uma rede de protegidos e de "*clientes*". Para outros, um controle mais eficaz das autoridades centrais teria significado a supressão da margem de manobra que, graças a diversos estratagemas, lhes permitiria ainda proteger, na medida do possível, os interesses da base, e possivelmente das pessoas comuns, ao mesmo tempo em que apresentavam avaliações otimistas às autoridades centrais.

Foram necessárias três novas repreensões do Comitê Central e, mais ainda, o estabelecimento, durante o verão de 1935, de toda uma rede regional de Departamentos dos Gestores, controlados diretamente pelo Departamento Central de Gestores, dirigido por Yezhov, a fim de coagir os responsáveis por dezenove regiões a realizar um expurgo mais sério de seus militantes. No verão de 1935, as autoridades centrais incumbiram os novos responsáveis pelos departamentos regionais dos gestores de se deslocarem às organizações de base para encorajar os simples militantes a denunciar os abusos burocráticos e os desvios da linha de que tivessem conhecimento. Os arquivos de Smolensk continham os protocolos de algumas dessas desconcertantes e intermináveis reuniões de célula que se realizaram durante o verão de 1935.[57] Ao longo de 10 horas, algumas vezes por dois dias seguidos, os responsáveis locais estiveram submetidos ao "*fogo cruzado da crítica*" da base, encorajada pelos representantes das autoridades centrais. De fato, essas reuniões não raro degeneravam em sessões de denúncias coletivas, das quais bem poucos comunistas saíam de todo ilesos. Assim, só na cidade de Smolensk, onde havia menos de 2 mil comunistas, o Comitê do Partido registrou, entre junho e setembro, 712 denúncias orais e mais de duzentas denúncias escritas contra membros do Partido![58]

Em 25 de dezembro de 1935, diante do Comitê Central, Yezhov realizou o balanço da verificação das carteiras do Partido. Tal verificação de modo algum satisfez as autoridades. Iniciada com quase seis meses de atraso, tinha durado três vezes mais que o previsto, em razão da "*má vontade, beirando a sabotagem*" de grande número "*de elementos burocratizados, instalados nos aparelhos*": apenas 81% dos comunistas tinham sido verificados, e 9% deles tinham sido excluídos do Partido. A maior parte das exclusões tinha um caráter vago: um terço dos excluídos estava catalogado como "*elemento estrangeiro*"; um quarto como "*elemento politicamente duvidoso*"; um quinto como "*moralmente degenerado*". E 14% dos excluídos tinham carteiras "*falsas*" do Partido. Apesar dos apelos das autoridades centrais para que perseguissem os trotskistas e os partidários de Zinoviev e de Kamenev, apenas 3% dos excluídos pertenciam a essas categorias.[59]

A "*verificação*" ainda não tinha terminado quando o Comitê Central ordenou um novo procedimento de troca das carteiras, na sequência da instituição de um novo fichário de inscritos. Segundo as instruções enviadas em 14 de janeiro de 1936 a todas as organizações do Partido, os secretários das células deveriam emitir uma nova carteira para seus membros, após uma entrevista aprofundada. As *instruções*, dezoito dos 22 parágrafos das quais enumeravam as precauções que deveriam cercar a emissão da nova carteira ("*deve ser preenchida com o auxílio de uma tinta especial enviada pelo Comitê Central... Para o caso em que dois exemplares da carteira e do formulário de registro tiverem sido mal preenchidos, tiverem recebido números diferentes, rasuras, correções, será necessário eliminar os três documentos, inutilizando com tinta preta especial cada página e inscrevendo ali, de forma visível: emissão abortada...*"), foram bastante reveladoras das obsessões do poder. Refletiam a tensão crescente que imperava no interior do Partido no início de 1936. A troca das carteiras servia de pretexto para um novo expurgo, dirigido sobretudo aos "*elementos passivos*" e aos "*teoricamente não instruídos*". No entanto, a preguiça e, mais ainda, a má vontade das organizações regionais contribuíram para limitar o número de expulsões: menos de 3% dos comunistas foram excluídos durante os nove meses que durou — oficialmente — a campanha de troca de carteiras.[60]

Em paralelo com as campanhas de expurgos do Partido, realiza-se então uma ampla ofensiva contra os líderes da economia — diretores de empresa, engenheiros, técnicos, especialistas — suspeitos de encobrir as reais capacidades de produção e de apresentar "*os espetaculares balanços dos planos altamente minimizados*". Essa ofensiva visa sempre o mesmo objetivo: pôr um fim à *"ruptura"* entre a linha e sua aplicação. A fim de apresentar os gestores como inimigos em potencial, a propaganda não hesita — e isso marca um ponto de virada em relação aos anos precedentes — em se servir do descontentamento dos simples operários, diretamente submetidos à pressão que os dirigentes exercem sobre os trabalhadores para conseguir que os planos sejam realizados.

Em 4 de maio de 1935, num discurso proferido diante dos alunos das Escolas Superiores do Exército Vermelho, Stalin dá o sinal para essa campanha. Adotando um tom resolutamente populista, ele condena *"a atitude escandalosa dos dirigentes burocratizados e sem alma"* para com os homens, os simples trabalhadores. O ano de 1935 será o ano do *"retorno ao homem, o homem, este mais precioso dos capitais"*.[61] A imprensa convida os simples trabalhadores a expressar suas críticas. Os correspondentes operários são convocados a reunir e publicar *"os exemplos gritantes de abuso e injustiça perpetrados pelos elementos burocratizados contra os trabalhadores com o objetivo de suscitar o descontentamento do trabalhador e sabotar, na mesma ocasião, as formidáveis capacidades criadoras das massas trabalhadoras"*.

É nesse contexto que aparece, ao final do verão de 1935, o movimento stakhanovista. Em seus primórdios, esse movimento corresponde a uma iniciativa operária, oriunda de uma camada bastante reduzida de trabalhadores qualificados, desejosos de fazer valer suas capacidades. É bastante significativo que o movimento surja justamente no momento em que o racionamento chega ao fim, ou seja, uma vez que os rendimentos elevados recebidos pelos stakhanovistas podem ser utilizados para as compras de produtos dali em diante fornecidos à vontade.[62] O movimento stakhanovista logo é recuperado pelo poder, que vê aí a oportunidade de promover uma ampla campanha produtivista. Para Stalin, o stakhanovismo é *"um movimento profundamente revolucionário... livre do conservadorismo de engenheiros, técnicos e dirigentes de empresas*". "*Será que nos faltará a coragem necessária*, declara Stalin em novembro de 1935, *para abater o conservadorismo, pulverizar as normas e, com os stakhanovistas, libertar as forças criadoras da classe operária do país do socialismo?*"[63]

Nas condições de funcionamento da indústria soviética da época, uma nova campanha produtivista só poderia ter resultados desastrosos. A organização de jornadas, semanas e décadas "*stakhanovistas*" desorganiza permanentemente a produção: os estoques de matérias-primas são dilapidados sem serem substituídos, o equipamento se deteriora, os acidentes de trabalho se multiplicam, os "*recordes*" são seguidos de um período de queda na produção. O stakhanovismo torna-se pretexto para numerosas violações da legislação trabalhista e das regras de segurança: na verdade, uma das maneiras mais eficazes de "*pulverizar recordes*" consistia em prolongar a duração da jornada de trabalho. Essa medida, assim como a revisão para cima de todas as normas de produção, agrava o descontentamento do trabalhador e, nas empresas, multiplica as tensões entre a direção, os stakhanovistas e os simples operários.

Alguns gestores, conscientes dos efeitos nefastos da campanha stakhanovista, utilizam diversos estratagemas para escapar dela, mesmo que isso signifique ficar numa posição delicada — mesmo ilegal — em face da "*hierarquia*". Os métodos de obstrução mais correntemente empregados consistiam em prometer, com grande alarde, melhorias no trabalho sem nada concretizar na realidade, em criar condições propícias para se chegar a "*falsos recordes*", em "*fazer o máximo de barulho possível*" em torno desses "*êxitos espetaculares*", ou, muito simplesmente, em admitir mão de obra suplementar.[64] Além disso, nessas condições não surpreende que a campanha stakhanovista se atole, como escreve o *Pravda*, "*no lodaçal do conservadorismo e do burocratismo*". O primeiro semestre do ano de 1936 (que tinha sido decretado como "*ano stakhanovista*") é marcado por sérias dificuldades econômicas, pela não realização dos planos nos setores industriais fundamentais. Além disso, essa campanha exacerbou as tensões nas empresas, assim como no seio das organizações do Partido, que já estavam duramente atingidas pelos expurgos. Durante a primavera de 1936, os dirigentes industriais são cada vez mais atacados pela imprensa. As exclusões e as sanções se multiplicam, atingindo também os que *"se tornaram culpados por uma atitude desumana para com os trabalhadores"* e os *"que ficaram atrás no movimento stakhanovista"*. Em seu editorial de 26 de março, o *Pravda* convoca as massas e as organizações do Partido a *"abrir fogo contra os sabotadores do movimento stakhanovista"*.[65] Em 15 de abril, outro editorial acusa os quadros dirigentes da bacia mineradora do Donetz *"de ter claramente falido"* e *"de ter perdido a confiança do Partido"*.[66] Durante as semanas seguintes, uma ampla ofensiva é lançada contra *"os administradores que dilapidam os recursos e os materiais"*, contra *"todos os que desprezam os simples trabalhadores"*. Uma série de organizações do Partido vê nessa campanha a oportunidade de mostrar sua vigilância e lealdade: numerosos diretores industriais, em geral engenheiros e técnicos de categoria inferior, são transferidos ou dispensados do emprego. Essas medidas desorganizam ainda mais a produção; a autoridade dos líderes superiores desmorona, já que cada vez os operários mais tratam seus engenheiros como sabotadores em potencial.

Às vésperas da reunião da Plenária do Comitê Central, que ocorreu a partir de 10 de junho, qual foi o balanço apresentado da ação realizada por Stalin e seus partidários, Yezhov e Zhdanov em particular, durante os dezoito meses que se passaram desde o assassinato de Kirov?

A posição de Stalin se viu reforçada — o culto que a cada dia mais envolvia Stalin, o *"Guia dos Povos"*, é revelador. O controle ideológico cresce: a concretização dos grandes mitos da ideologia, a reescrita da história, *"a estatização da memória"* também são sinais disso. O

NKVD e o Departamento dos Gestores foram reorganizados a fim de permitir às autoridades centrais exercer um controle mais eficaz, tanto sobre o conjunto da máquina do Partido como sobre o *"espírito público"* em geral. Não obstante, a campanha de expurgo do Partido, a ofensiva contra dirigentes e diretores da economia, comprometidos com a esperança de melhorar o funcionamento do sistema, de eliminar as causas da *"ruptura"* entre a linha e a sua realização, de encontrar os responsáveis pelas dificuldades, revelaram fatos bastante inquietantes. Além de os fenômenos denunciados — carreirismo, burocratismo, passividade, corrupção, o frágil nível ideológico dos comunistas — estarem longe de ser fictícios, demonstrou-se que a desorganização dos aparelhos, a *"caução solidária"* dos funcionários locais e regionais constituíam-se em sérios obstáculos a qualquer controle eficaz das autoridades centrais sobre o que de fato se passava no país, e, por fim, a qualquer ação. Um relatório ultrassecreto do Departamento dos Gestores, datado de 8 de agosto de 1935 e assinado por Yezhov e seu adjunto Malenkov, é um indicador do quanto o controle do centro sobre os aparelhos locais era imperfeito: *"Devemos confessar*, escreve Yezhov, *que aqui, no coração do aparelho do Comitê Central, apenas começamos a tomar conhecimento da composição das direções do Partido no nível dos distritos e das regiões"*.[67] É possível discernir com clareza, por meio das diferentes campanhas de expurgos que precedem o primeiro processo de Moscou, a firme vontade das autoridades centrais de pôr na linha os responsáveis locais do Partido, de minar suas prerrogativas e seus poderes em nome da luta contra o burocratismo, contra a anarquia, contra a deformação da linha do partido. A essa ofensiva os responsáveis locais contrapõem uma resistência bastante eficaz. Ávidos por preservar o seu *"círculo familiar"*, eles aplicam as decisões do Comitê Central de maneira formal e se recusam a dar aos expurgos a direção eminentemente política exigida por Stalin, Yezhov e Zhdanov.

O expurgo é um fenômeno recorrente na vida política soviética: entre 1919 e 1939, não se passa um ano sem "*controle*", "*verificação*" ou expurgo geral dos membros do Partido. O expurgo garante duas funções essenciais: a primeira está em manter a ficção de um partido-elite — o elitismo, na verdade, funda a legitimidade do poder — de uma vanguarda composta pelos indivíduos ideológica, moral e socialmente melhores, em eliminar os que não merecem o "*digno nome de comunista*". A segunda função do expurgo é garantir o monolitismo ideológico do Partido diante dos desvios, das oposições de todo tipo, reais ou supostas, ou, de modo puro e simples, diante de todo discurso politicamente duvidoso que vier a questionar o ideal oficialmente proclamado.

Após o XVII Congresso, durante o qual foi definitivamente estabelecido que, uma vez que o regime chegasse a seu objetivo, o socialismo, as dificuldades poderiam advir apenas de uma aplicação ineficaz e mal-intencionada da linha, e, à luz "*dos acontecimentos relacionados ao ignóbil assassinato do camarado Kirov*", a operação técnica e quase rotineira de verificação das carteiras do Partido assume outra dimensão. A moral política do caso fica clara: foi precisamente o burocratismo, o caos administrativo, a existência de centros de poder autônomos que permitiram aos "*inimigos*" infiltrarem-se no Partido. Os expurgos vêm acompanhados de uma ofensiva populista que, aliás, não deixa de lembrar a da Revolução Cultural de 1929-1930.[68] Entretanto, o uso da arma da crítica das massas não é isento de riscos: muitas vezes tal crítica deságua nas denúncias em cadeia que semeiam a desordem, paralisando o funcionamento da economia e criando um clima de insegurança, ou mesmo de histeria.

SENTIDO E FUNÇÃO DO PRIMEIRO PROCESSO DE MOSCOU

Ao final do mês de maio de 1936, torna-se evidente que a última campanha de expurgos se encontra num impasse; que a ofensiva contra os líderes, tal como é conduzida, recorrendo-se ao "*controle*" da base, está a ponto de descarrilar, correndo o risco de comprometer o próprio funcionamento do sistema. Impõem-se uma retificação e uma clarificação. Ao que parece elas ocorrem durante a Plenária do Comitê Central, que é realizado de 1º a 4 de junho. As raras informações que aparecem na imprensa sobre a agenda dessa reunião em nada permitem saber o que se passou ali. Entretanto, na semana seguinte a essa plenária, diversos editoriais do *Pravda* revelam as novas orientações políticas que ali foram estabelecidas. A crítica aos gestores passa — momentaneamente — para um segundo plano: agora, o "*fogo*" é dirigido aos "*ex-oponentes*", aos partidários de Trótski, Zinoviev e Kamenev. O editorial de 8 de junho, que mais uma vez faz referência ao assassinato de Kirov, insiste "*na necessidade, hoje mais atual do que nunca*" de se mostrar vigilante, e convoca ao "*aniquilamento dos inimigos do povo, dos monstros e das fúrias trotskistas, qualquer que seja a sua hábil camuflagem*".[69] Três dias depois, outro editorial lembra que "*os remanescentes do grupo trotskista-zinovievista existem ainda hoje*" e que "*o inimigo destruído não deixou de lado suas ações subversivas, sobretudo em Leningrado*".[70] Esses artigos indicam claramente que uma nova ofensiva se arma contra aqueles que a propaganda reagrupa sob o termo "*trotskistas-zinovievistas*". É nesse contexto específico que é preparado (a partir do mês de maio, ao que parece) e se desenrola, de 19 a 24 de agosto, o primeiro dos grandes processos públicos de Moscou. O NKVD, então dirigido por Yagoda, está encarregado de reabrir o dossiê sobre o assassinato de Kirov e de organizar um retumbante processo que comprometeria personalidades marcantes das antigas oposições, trotskista e zinovievista. A existência efêmera, alguns anos antes, de um "*Bloco das Oposições*" serve de ponto de partida para a maquinação.

O NKVD infiltrara muitos de seus agentes, entre eles um certo Mark Zborowski, no círculo imediato de Sedov. O filho de Trótski publicou o *Boletim da Oposição* e mantinha os contatos entre o pai e os simpatizantes trotskistas que haviam ficado na URSS. Em outubro de 1932, Goltzman, antigo trotskista e um dos futuros acusados no primeiro processo, havia efetivamente se encontrado com Sedov em Berlim e lhe transmitido informações sobre a situação econômica na URSS, assim como uma carta de Smirnov, propondo a constituição de um "*Bloco das Oposições*" que teria reagrupado trotskistas e zinovievistas.[71] Informado dessa proposição, a esse projeto Trótski respondera de maneira positiva, porém prudente, insistindo num certo número de princípios.[72] Cada grupo constitutivo do "*Bloco*" deveria conservar sua identidade ideológica própria; a ação do "*Bloco*" deveria se limitar à troca de informações.[73] O "*Bloco*" dificilmente teria tempo de realizar, ainda que fosse, um início de atividade. Pouco tempo após a sua constituição, seus principais representantes foram detidos e exilados. Esse exíguo episódio do "*Bloco*" servirá de trama ao NKVD. Os contatos entre Sedov e alguns opositores vão se transformar numa ampla conspiração do "*Centro Terrorista Trotskista-Zinovievista*". Para tanto, o NKVD se vale dos serviços de alguns de seus informantes (Olberg, Fritz-David, Berman-Yourine, Moïse e Nathan Lourié) que, em conformidade com as instruções que lhes são passadas, confessam ter tido contato não apenas com membros do "*Bloco*", mas também com Trótski, de quem tinham, dizem eles, recebido diretivas para assassinar Kirov, Stalin e outros dirigentes soviéticos. Agora cabia encontrar os principais acusados e fazê-los confessar. Entre os zinovievistas, escolheu-se o próprio Zinoviev, e também Kamenev, Evdokimov e Bakaiev, que já em janeiro de 1935 foram julgados por sua "*cumplicidade moral*" no assassinato de Kirov e condenados a pesadas penas de prisão. Entre os *"trotskistas"*, os bodes expiatórios eram, à exceção de Smirnov, personalidades políticas de menor envergadura. Foram necessárias várias semanas de interrogatórios minuciosos para arrancar confissões completas dos réus.[74] Zinoviev e Kamenev capitularam em meados do mês de julho. Em 14 de agosto, Ter-Vaganian, o último acusado que ainda não redigira a sua confissão, fazia admissões completas sobre a existência do *"Centro Terrorista Trotkista-Zinovievista"*.[75]

Em 29 de julho, três semanas antes da abertura do processo, o Secretariado do Comitê Central, dirigido por Yezhov, endereçou a todas as organizações do Partido uma *carta confidencial* sobre "*a atividade terrorista do bloco contrarrevolucionário dos partidários de Trótski e de Zinoviev*". Esse documento, que deveria ser lido e discutido em todas as células, visivelmente se destinava a preparar o terreno com vistas ao processo e a especificar de maneira clara a nova categoria de inimigos a serem perseguidos. Segundo a carta, "*novos documentos descobertos pelo* NKVD" davam a conhecer que os zinovievistas haviam conspirado com Trótski para assassinar Kirov, Stalin e outros dirigentes. Optaram pela via do terrorismo após terem compreendido que não havia nenhuma chance política de chegar ao poder. Na verdade, os êxitos da linha do Partido dirigido por Stalin eram tão fulgurantes que o país inteiro o seguia. Após ter denunciado o complô, a *carta* concluía com um apelo à vigilância: "*Agora que está provado que, para lutar contra o Estado soviético, os monstros partidários de Trótski e Zinoviev atraem para si todos os mais execráveis inimigos dos trabalhadores de nosso país, além de espiões, provocadores, a Guarda Branca, kulaks, e que foram eliminadas todas as fronteiras entre esses trastes e os partidários de Trótski e de Zinoviev, é importante que todos os militantes compreendam a necessidade da vigilância bolchevique. A qualidade fundamental de todo bolchevique deve ser a sua aptidão em reconhecer um inimigo do Partido, por mais disfarçado que esteja*".[76]

Pela onda de denúncias que originou, a leitura comentada da carta provocou um verdadeiro pânico entre os dirigentes do Partido. Kravchenko relata a atmosfera que reinava na organização do Partido de Nikopol no final do mês de julho de 1936. Em 31 de julho, os militantes foram convocados para uma reunião excepcional:

"*Fomos reunidos*", anunciou Brodski, "*para que trouxéssemos a nosso conhecimento uma carta do Comitê Central de Moscou. Pôs-se a nos ler essa carta lenta e devotadamente, como um homem preocupado em mostrar que aprova as decisões que vêm de cima, que as aprova por inteiro, às cegas, de todo o coração... Até então, sempre tínhamos considerado a velha guarda leninista como quase que sacrossanta; poderiam banir alguns de seus membros, denunciá-los ou acusá-los dos crimes mais hediondos, porém suas próprias vidas jamais se encontravam ameaçadas. Mesmo no caso de Trótski, após sua desgraça, limitaram-se a deportá-lo para a Ásia Central, e depois para a Turquia. Ora, eis aqui alguém que se dispunha a julgar publicamente o grande Zinoviev, antigo chefe da Internacional Comunista, homem de quem uma única carta, possivelmente apócrifa, tinha sido suficiente para perturbar as eleições inglesas! Estávamos a alguns dias da condenação e execução de Zinoviev, e o comunicado de Moscou ao que parece tinha o objetivo de preparar os membros do Partido para esse grande choque, inculcando um terror salutar em todos os que pudessem estar tentados a demonstrar alguma tibieza na busca por novas categorias de culpados. O significado profundo dessa mensagem era perfeitamente claro... Doravante, julgaríamos nosso mérito de acordo com o número de amigos íntimos que tivéssemos denunciado...*".[77]

Esse testemunho poderia ser confirmado e complementado com outros exemplos de reuniões de células do Partido durante os dias que precedem o primeiro processo.[78] Assim como o estudo detalhado da conjuntura política do verão de 1936, o testemunho permite agora compreender o sentido, as funções e as lições do processo. Num dado momento, o processo responde a uma estratégia política específica.

Diante da resistência passiva dos aparelhos do Partido, os diferentes expurgos realizados ao longo de dezoito meses chegam a uma exaustão, a ofensiva *"populista"* lançada pela direção do Partido está a ponto de um descontrole. Impera uma grande confusão. O processo, do qual as *"conclusões"* são, antes mesmo de ele se dar, *"comentadas"* em todas as células, de início tem uma função didática e pedagógica. Ao condenar figuras eminentes, quase simbólicas, o processo demonstra que ninguém está a salvo, por elevada que seja a posição. Com estardalhaço, num momento de tumulto, ele permite identificar a categoria privilegiada dos inimigos da ocasião, que naquele momento, são os antigos oponentes trotskistas e zinovievistas.

Olhando com mais atenção, porém, as lições políticas desse primeiro processo não são tão claras quanto parecem. São ambíguas, ou mesmo contraditórias. Numa primeira abordagem, se nos atermos às atas do processo, o alvo escolhido parecerá estreitamente circunscrito: ao longo daqueles últimos anos, Zinoviev, Kamenev e os outros principais acusados passam da autocrítica à renegação. Presos diversas vezes, julgados, condenados, na verdade, eles já são, como Trótski dizia a seu respeito, *"almas mortas"*, cujo último processo poderia ser interpretado mais como o fim de um sinistro episódio do que como o início de uma nova onda de terror. Segundo o ato de acusação, os inimigos indicados nesse processo não passavam de um "bando de assassinos" sem vínculos com os dirigentes do Partido, a aspirar a uma só coisa: *"chegar ao poder, ainda que pelo terror"*. Não se questionava a existência de uma vasta rede de sabotagem da economia a serviço de uma causa específica, a *"restauração do capitalismo"*, por exemplo, como será o caso nos processos seguintes. A traição descoberta, o julgamento realizado, os responsáveis punidos, o inimigo estritamente delimitado à categoria numericamente ínfima dos partidários de Trótski e de Zinoviev, o caso não pedia outros desdobramentos. Ao que parece, alguns, com Yagoda à frente, principal diretor do espetáculo, tinham desejado dar uma interpretação restritiva do acontecimento, algo que não ameaçava diretamente os líderes e os aparelhos regionais do Partido.

No sentido inverso, a *carta confidencial* de 29 de julho, enviada por Yezhov, assim como os vários editoriais do *Pravda* do início de agosto, convocavam a uma caça generalizada de culpados "travestidos", dando aos inimigos uma definição que, assim não fosse, seria mais abrangente: *"Ali onde certamente não se encontram expurgados os homens de duas caras, os violadores abertos e travestidos da disciplina férrea do Partido e do Estado, os renegados políticos, os carreiristas, os aproveitadores, os homens moralmente corrompidos, que com seu comportamento mancham a bandeira do Partido — ali, o espião e o diversionista trotskista-zinovievista encontram seus antigos amigos... e começam a preparar, na ilegalidade, a via para a conspiração terrorista".*[79] Essa interpretação do processo desencadeará uma onda formidável e desordenada de denúncias que intensificará a confusão e exacerbará as tensões no interior das organizações do Partido. Quanto a esse aspecto, as atas das reuniões de células extraídas dos *Arquivos de Smolensk* são reveladoras. Eis aqui uma delas, datada de 27 de agosto de 1936. Na ordem do dia: *Relatório sobre o "Centro Terrorista Trotskista-Zinovievista".*

"KOROVKINE (membro do Comitê Distrital): As reuniões que realizamos até o presente sobre o processo não geraram os resultados esperados. A discussão se ateve a generalidades, sem abordar casos individuais e concretos. Não é possível que não haja entre nós, em nossos distritos da região Oeste, indivíduos que não apoiem o grupo contrarrevolucionário, ou que não simpatizem com ele. Nesta reunião, exorto expressamente a todos os que conhecerem aqueles que apoiam o grupo, que o denunciem. Na primeira verificação das carteiras, não desmascaramos todo mundo. Foi apenas com o auxílio das organizações superiores do Partido que pudemos desmascarar certos inimigos do povo...

"TERINE: Na última reunião falamos de Pavlov, ex-mercador, que passeava pela cidade fazendo propaganda contra o projeto da Constituição. Ultimamente, Fomicev, o jardineiro do sovkhoz, não se refere mais a ele, mas tenho a certeza de que às escondidas continua fazendo a sua linha suja...

"ISSAEV: Nossa célula deveria controlar os recém-chegados ao nosso distrito. Tem aparecido muita gente suspeita.

"SMIRNOV: Penso em Malofeevich e em Eigafiev, que dizem que 'o poder soviético só nos faz lançar pimenta nos olhos'. Além disso, o irmão de Eigafiev está sem passaporte e foi privado de seus direitos civis.

"SOLDATOV: Zaleski é filho de diácono... e recebe em casa todo tipo de gente bizarra, que é claro que não faz lá coisas muito católicas. Enquanto se discutia o projeto da Constituição, o mercador Pavlov, que, aqui entre nós, participou do levante de Gjatsk, discutia com os citadinos politicamente retrógrados. Depois dessa 'discussão', os kolkhozianos perderam a cabeça, e foi necessário fazer uma segunda reunião para lhes explicar de maneira clara a Constituição. Trofimov, presidente do kolkhoz... sabota o trabalho, bebe sistematicamente, e é mais um cúmplice do bando trotskista.

"GOLOVKINE: O que é uma pena é que a gente vem de lugares diferentes, e nem mesmo conhece o mundo de onde vem. Não somos vigilantes o bastante. No kolkhoz, 'o trabalhador de choque'* estuda Olchevski, ligado a Chernov, ex-SR [socialista revolucionário]. Olchevski sempre diz: 'O Partido saqueia o kolkhoz'. O presidente do kolkhoz... tá

---

* "Trabalhador de choque" era uma categoria de trabalhadores altamente produtiva e entusiasta do trabalho comunista, possuindo, assim, índole próxima à do movimento stakhanovista. (N. do T.)

morando em Moscou, arranjou um lugar pra si no NKVD, fica se vangloriando de ser guarda-costas de Stalin, mas cuidado! No passado ele participou de um levante contrarrevolucionário! Deve ter chegado aonde está com a ajuda de alguém suspeito. É preciso ficar de olho também no Chiriaev, ex-comerciante, hoje presidente da cooperativa da cidade. É um tipo bem suspeito. A mulher dele faz discursos de desmobilização para os trabalhadores... No Molov também deve ficar de olho: vem de uma família de uma gente do passado, é um homem negligente, não tem nenhuma autoridade, e, como a mulher dele é uma antiga proprietária de terras, é possível que ele se faça passar por membro do grupo trotskista...

"SISKOV: Borzneko, ex-proprietário de terras, mora em Viazma, não tem emprego, então suponho que faça parte do bando...

"Relatório final de KOROVKINE: Temos que o quanto antes pôr no papel os dados interessantes que vocês acabam de trazer. O problema é que vocês, membros do Partido, até agora estiveram ocultando todos esses fatos. A vigilância ainda está muito fraca, é preciso estudar, estudar sempre, a história do Partido."[80]

Esse texto é explícito: pode-se ver aí o campo de desvios alcançar a sua máxima extensão. Desempregados são caoticamente denunciados, e sua inatividade esconde complôs sombrios, militantes de origem social duvidosa, "gente do passado", cuja procedência por si só já sugere propósitos obscuros. Esses suspeitos agem em algumas situações características e valem-se de métodos de luta abundantemente descritos pela imprensa: da obtenção de um posto de guarda-costas para melhor se aproximar de um dirigente e assassiná-lo ou simplesmente de propaganda insidiosa contra o regime, destinada a enganar as massas politicamente incultas. De acordo com os documentos de arquivo de que dispomos, parece que a onda de denúncias desencadeada pelo "*estudo*" das lições do processo de agosto de 1936 envolveu mais membros antigos do Partido, ou simples militantes a entabular mais relações "*duvidosas*" do que os gestores responsáveis.[81] Desse modo, nas semanas que se seguem ao processo, a categoria dos inimigos a serem perseguidos não se encontra, na verdade, estabelecida de maneira clara, e a generalização do epíteto "*trotskista*", que cobre toda forma de desvio, contribui para alimentar a confusão. A ambiguidade das lições políticas do primeiro processo é explicada pelo conflito que surgiu entre Yagoda e Yezhov sobre a dimensão do processo. Segundo uma série de depoimentos,[82] na realidade, Yagoda teria desejado restringir as repercussões políticas do processo, circunscrevendo os crimes dos acusados unicamente ao terrorismo, a exploração política desse ato seria então mais limitada. Ele teria insistido para que o caso fosse debatido no Gabinete Político. Graças à intervenção dele, como responsável pelo NKVD, que Bukharin e Rykov, comprometidos por confissões de acusados, foram provisoriamente desculpados. Quanto a Yezhov, teria desejado ampliar o círculo de culpados e atingir os dirigentes do Partido, que com seu "*burocratismo*", eram suspeitos de travar a execução das diretivas vindas da autoridade central. Stalin arbitrou o litígio em favor de Yezhov. Em 30 de setembro, Yagoda foi destituído de seu posto e substituído por Yezhov na chefia do NKVD. Um novo processo, a implicar de maneira mais clara novas categorias de culpados, viria na sequência. No terceiro processo, Yagoda se encontraria no banco dos acusados...

Se as lições políticas do primeiro processo continuam ambíguas, o processo, na condição de evento-espetáculo, oferece a ocasião para uma extraordinária mobilização ideológica, popular e populista, que permite reafirmar com grande ênfase a indefectível união do povo com seu guia. Conforme ressaltou Annie Kriegel,[83] cada processo tem, na verdade, uma dimensão teatral, em razão do cenário escolhido

— o mais solene que pode haver num país de "*ditadura do proletariado*", a Casa dos Sindicatos —, de um "*procedimento majestosamente escandido*" e da presença de um público imenso, que é todo o povo soviético. Um povo mobilizado em inúmeras reuniões, assembleias, comícios de rua, de fábrica, de canteiro de obras, cujas resoluções, mensagens, consultas e maldições são amplamente reproduzidas na imprensa. Eis aqui, dentre centenas de outros, o relato jornalístico de um "*comício espontâneo*" que foi realizado entre os operários da fábrica Dukat de Moscou, publicado no *Pravda* de 22 de agosto de 1936: "*O comício nasce espontaneamente. A maré humana invade o imenso salão e se põe imóvel diante de um alto-falante. As palavras do ato de acusação penetram nos cérebros, apossam-se dos corações. Um silêncio de morte impera no salão. As pessoas receiam deixar escapar uma palavra que seja. Agora, o monstruoso crime aparece desnudado por inteiro. Fervilha a cólera, a terrível cólera do povo. Enquanto o alto-falante apresenta detalhes do ato terrorista que se armava contra o camarada Stalin, ninguém mais consegue controlar o ódio. O salão é percorrido por uma torrente de maldições: Traidores! Tem que fuzilar essa escória! Seiscentos trabalhadores da fábrica Dukat ouvem o ato de acusação. Na primeira fileira, uma operária idosa, a camarada Marina. Não consegue conter a indignação. Torce as mãos, arruma o lenço com nervosismo sobre os cabelos grisalhos e resmunga: 'Ah, seus assassinos! Vermes!'. O camarada Kabanov, operário mecânico, sobe à tribuna: 'O sangue fervilha em nossas veias quando ficamos sabendo que esses degenerados estavam preparando o mais monstruoso dos crimes: queriam decapitar a nossa pátria, afinal Stalin é o nosso cérebro, o nosso coração, a nossa alma! Juntemo-nos agora, ainda mais próximos de nosso querido Stalin, vamos lhe fazer uma barreira com nossos corpos!'. A camarada Suchkova sobe à tribuna. Não encontra palavras suficientemente fortes para bramir o seu ódio ao grupo trotskista-zinovievista: 'Vamos jurar ao camarada Stalin, ela diz, multiplicar nossos esforços para construir o socialismo!'. Os oradores operários se sucedem. A cólera aumenta no salão.*

'*Nosso ódio aos inimigos não tem limites, como é sem limites nossa fidelidade ao Partido e nosso amor a Stalin!*'. *As últimas palavras de Lydia Vinogradova são envolvidas por aplausos estrondosos. Suas palavras são repetidas pela assembleia inteira, e o salão ressoa com o grito operário, repetido por centenas de vozes: 'Morte aos traidores! Vida longa ao nosso querido Stalin!'*".[84]

O grande processo político tem uma inegável função ritualística. Uma vez que ele desmascara o complô, figura essencial da ideologia, uma vez que associa, de modo tão solene quanto mítico, todo o povo ao poder, e a seu guia em particular, o grande processo político se constitui num formidável mecanismo de profilaxia social.[85]

Num plano totalmente diferente, o processo tem uma função "*internacional*". Em 17 de julho de 1936, com a sublevação militar do general Franco, inicia-se a guerra civil espanhola. Na zona republicana, trava-se uma luta entre os comunistas stalinistas e os sindicalistas revolucionários da CNT,[*] os trotskisantes do POUM.[†] Os processos de Moscou, que visam aniquilar politicamente o trotskismo, identificado como aliado do fascismo, constituem um episódio-chave da imensa operação que, a partir do verão de 1936, é encetada por Stalin, pelos agentes soviéticos do NKVD infiltrados na Espanha e pelos comunistas espanhóis contra os "*trotskistas e os incontroláveis*". Num momento posterior ao primeiro processo de Moscou, o *Pravda* explica "*que na Catalunha, a eliminação dos trotskistas e dos anarcossindicalistas já começou, e vai avançar com a mesma energia que na URSS*".[86]

Como observa Pierre Broué, a Espanha é então uma carta importante na política externa de Stalin: "*Para ele, a Espanha é, ao mesmo*

---

* Trata-se da Confederação Nacional do Trabalho (CNT) (em espanhol: Confederación Nacional del Trabajo), confederação de sindicatos autônomos de vertente anarcossindicalista, existente ainda hoje na Espanha. (N. do T.)

† O Partido Operário de Unificação Marxista (POUM), fundado em 1935 em Barcelona, foi um partido marxista espanhol de viés revolucionário, surgido de dois grupos operários, o Esquerda Comunista e o Bloco Operário e Camponês. (N. do T.)

tempo que um necessário campo de experiências, um laboratório para a próxima guerra, o terreno em que ele tenciona demonstrar às 'democracias ocidentais' que é um aliado sólido, um defensor do status quo, o baluarte contra a subversão política que eles temem mais ainda que aos nazis ou aos fascistas".[87] Essa mensagem é bem recebida por alguns observadores da época. É assim que um dos editorialistas do *Temps* vê na liquidação do trotskismo "*a ocasião para o sr. Stalin demonstrar ao mundo inteiro que ele abandonou as quimeras do comunismo e da revolução mundial por um patriotismo bastante decente, um patriotismo russo em sua tradição mais pura*".[88]

SENTIDO E FUNÇÃO DO SEGUNDO PROCESSO

Em 23 de setembro, pela segunda vez em nove meses, uma série de explosões sacudiu as minas de Kemerovo, na Sibéria ocidental. O NKVD prendeu muitos dirigentes de empresa, entre eles B. Norkine, chefe dos canteiros de construção do complexo de Kemerovo. Norkine estava profissionalmente em relação direta com dois antigos membros da oposição trotskista, Y. Drobnis e N. Muralov. Estes haviam sido detidos pouco tempo antes. Não foi difícil para o NKVD inventar a existência de uma ampla rede de sabotagem trotskista na Sibéria, que operava sob as ordens do comissário adjunto do povo para a Indústria Pesada, Piatakov. O caso de Kemerovo serviu de pretexto para que Stalin, Zhdanov e Yezhov reativassem, após a ofensiva politicamente pouco conclusiva do verão contra os antigos oponentes, a campanha contra os dirigentes da indústria "*disfarçados de sabotadores*".

Em 25 de setembro, Stalin e Zhdanov enviaram ao Gabinete Político um telegrama, redigido da seguinte forma: "*Estimamos absolutamente indispensável que o camarada Yezhov seja designado com a máxima urgência ao posto de comissário do povo para Assuntos Internos*

(NKVD). *Yagoda finalmente se revelou incapaz de desmascarar o bloco trotskista-zinovievista. A esse respeito, a* GPU* *está quatro anos atrasada. O fato atingiu todos os trabalhadores do Partido e a maioria dos representantes do* NKVD".[89]

Passados cinco dias, Yezhov assumia a chefia do NKVD. Durante as semanas seguintes, realiza-se uma ampla campanha contra os "*sabotadores*" na indústria, contra os dirigentes de empresa que "*produzem sucata*", contra os diretores industriais que "*fazem corpo mole, deixando de incentivar o entusiasmo dos stakhanovistas*" ou "*se opõem a qualquer inovação criadora*", recusando-se a reconhecer "*o seu próprio atraso técnico*".[90] Piatakov é detido, junto com outras personalidades importantes (Sokolnikov, Serebryakov, Radek), isso sem dúvida durante o mês de setembro.[91] Com Piatakov, todo um ritmo de crescimento era visado. Na verdade, Piatakov era assistente de Ordjonikidze, partidário de um crescimento mais moderado da economia, frente a Stalin e Molotov, favoráveis a ritmos mais acelerados, "*stakhanovistas*" e "*revolucionários*".[92] Com Piatakov, ameaçava-se também toda uma geração de gestores industriais, formados aos montes, antes da grande campanha de promoção dos anos 1930.

Em 20 de novembro, o *Pravda* anunciava a abertura, em Novosibirsk, de um grande processo público, durante o qual haveriam de ser julgados os responsáveis pela "*sabotagem*" das minas de Kemerovo. Oito dirigentes das minas, além de um engenheiro alemão, estavam sendo acusados de ter organizado a sabotagem sob as ordens de um "*centro trotskista diversionista*", em colaboração com a Gestapo e em ligação com "*a atividade contrarrevolucionária*" de Piatakov. Durante uma semana, a imprensa cobriu abundantemente esse

---

* GPU (ou OGPU): Administração política do Estado, em fevereiro de 1922 substituiu a Cheka (Ou Tcheka, Comissão Extraordinária de Toda a Rússia para o Combate à Contrarrevolução e à Sabotagem), criada em dezembro de 1917. Em julho de 1934, a GPU foi absorvida pelo NKVD (Comissariado do Povo para os Assuntos Internos). (N. do T.)

processo, que viria a ser o preâmbulo direto do segundo processo de Moscou, de janeiro de 1937. Todos os acusados, exceto o engenheiro alemão, foram condenados à morte. Nesse ínterim, o NKVD prendeu três outros grupos de supostos sabotadores: um dirigido por Rataichak, chefe da Administração Central da Indústria Química no comissariado de Piatakov, o outro por Puchine, diretor do Combinado de Fertilizantes Nitrogenados de Gorlovka. O terceiro grupo, encarregado de sabotar estradas de ferro, era dirigido por Livchitz, Kniazev e Turok. Todas essas autoridades do campo da economia estariam entre os acusados do processo a ser preparado. Os 17 réus passaram às confissões durante o mês de dezembro. Em 23 de janeiro, teve início o segundo processo de Moscou. As lições desse processo, todas encenadas pelos serviços de Yezhov, pareceram muito mais claras e politicamente mais "*exploráveis*" que as do processo precedente. É verdade que algumas constantes se mantêm no cenário: as acusações de terrorismo, o papel diabólico de Trótski, a encarnação do mal. Mas os motivos dos conspiradores estão agora mais elaborados: já não se trata simplesmente de tomar o poder pelo poder, e sim de restabelecer na URSS "*as relações capitalistas*". O grande tema novo desse processo é a sabotagem. A sabotagem generalizada em diversas regiões, em diversos setores econômicos, em todos os escalões, do simples engenheiro ao próprio comissário adjunto do povo. Os atos denunciados como atos de sabotagem — destruição de material pela negligência de simples regras técnicas, fabricação de sucata, erros de planificação, acidentes de trabalho — eram de fato acidentes muito frequentes, que sobrevinham cotidianamente nas centenas de empresas soviéticas da época. Por essa ótica, qualquer um dos diretores industriais poderia ser acusado de sabotagem. Um dos principais objetivos do grande processo público é, como vimos, definir a categoria de inimigos visada em dado momento. O segundo processo permite estender consideravelmente essa categoria. Ele dá o sinal para o grande expurgo dos líderes da economia e do Partido, que se amplificará durante todo o ano de 1937. Nesse sentido, como observa com justeza Sheila Fitzpatrick,[93] esse segundo processo, que, numa primeira abordagem, poderia parecer menos importante que os dois outros, pois não envolve nenhuma grande personalidade, é de fato o processo crucial, que abre caminho para a eliminação dos dirigentes do Partido. A imagem do líder sabotador tem outro interesse: é inegável o seu uso popular, junto do "*homem comum*" como do militante de base. Ela permite explicar as dificuldades da vida cotidiana. Com uma lógica desconcertante, essa visão de mundo é assim formulada por um militante de base: "*Por mais que vivamos na abundância, por mais que a vida tenha ficado melhor e mais alegre, por toda a parte temos filas, falta manteiga, faltam outros produtos. Ocorre que tais produtos existem: é que os sabotadores trotskistas se infiltraram nos estabelecimentos, como fizeram em nosso Partido*".[94] A imagem do líder sabotador vem conformar também os sentimentos hostis dos simples trabalhadores em relação a seus chefes. Ela encoraja os militantes a denunciar os abusos de seus superiores. Inscreve-se perfeitamente na grande ofensiva "*antiburocrática*" e populista lançada dois anos antes por Stalin, Zhdanov e Yezhov.

Alguns dias depois da condenação e execução de Piatakov, Ordjonikidze se suicida — ou é obrigado a se suicidar.[95] Ainda que a sua posição tivesse se enfraquecido consideravelmente ao longo daquelas últimas semanas, ele se mantinha um sério obstáculo no caminho de todos os que desejassem atingir os dirigentes industriais, e em seguida os aparelhos locais do Partido.

De 23 de fevereiro a 5 de março realiza-se uma importante Plenária do Comitê Central, durante a qual Stalin, Zhdanov, Molotov e Yezhov especificam a significação do segundo processo e tornam explícitas as lições a serem extraídas dali. É no curso dessa plenária que Bukharin e Rykov são detidos. Começa então a se mostrar com clareza que novas categorias de inimigos, os antigos "*direitistas*", numerosos na administração econômica e política, passam a ser visados.

Depois de ter afirmado que o país se encontrava à mercê de inúmeras ações de sabotagem, espionagem e diversionismo realizadas em conjunto por agentes de países estrangeiros e pelos "*agentes trotskistas-zinovievistas do fascismo*", Stalin investe violentamente contra os líderes e dirigentes do partido que, "*sempre satisfeitos consigo próprios*", careceram de vigilância e não souberam "*reconhecer o verdadeiro rosto dos agentes de diversionismo, espiões e assassinos, tendo se mostrado imprudentes, piedosos e ingênuos*". Ele denuncia todos os que "*por sua atitude desumana... produzem artificialmente grande volume de descontentes e irritados, criando com isso um exército de reserva para os trotskistas*", todos os que "*formam um cartel cujos membros se esforçam para viver em paz, para não errar, lavar a roupa suja em família, exaltando-se uns aos outros e enviando, de tempos em tempos, para o centro, relatórios vazios de sentido e nauseantes sobre os êxitos obtidos*".[96] Para essas lideranças, Stalin se opõe às pessoas comuns, os simples militantes, capazes de "*sugerir a solução justa*". Mais do que nunca, encoraja a base a denunciar a "*hierarquia*". As lições dessas intervenções (as de Zhdanov, Yezhov e Molotov *grosso modo* fixavam-se nos mesmos temas) são claras: a categoria dos inimigos (os "*líderes sabotadores*"), tal como definida durante o segundo processo, deve ainda ser ampliada. Agora, qualquer um pode ser um inimigo "*travestido*": os que não denunciam as ações criminosas dos outros, como os que as denunciam (não o fazem para encobrir outros inimigos, mais poderosos), os que apresentam propostas críticas, como os que mascaram suas opiniões com elogios servis e lisonjeiros. No entanto, o aspecto antiburocrático e populista dessas intervenções continua primordial: assim como os dirigentes industriais, os funcionários dos aparelhos, que as autoridades centrais em vão tentaram pôr na linha dois anos depois, passam a constituir a categoria a ser abatida.

ENSAIO DE INTERPRETAÇÃO: O COMPLÔ NA PRÁTICA POLÍTICA SOVIÉTICA

O ano que se estende da plenária de fevereiro-março de 1937 ao terceiro processo de Moscou conhece o apogeu da *"yezhovshina"*. Esse período é marcado pela destituição e prisão de dezenas de milhares de diretores da economia do Partido, logo substituídos por jovens especialistas recém-saídos do ensino superior. Estendendo-se cada vez mais em círculos concêntricos a partir de um núcleo de suspeitos, a repressão se lança sobre grande número de cidadãos comuns. A *intelligentsia* não conformista é particularmente atingida: são presos milhares de escritores, historiadores e cientistas.[97]

Em termos políticos, o fato marcante do ano de 1937 foi o aniquilamento dos gestores do Partido e da economia. Até então, os diversos expurgos (de 1933 a 1936) haviam atingido sobretudo os simples militantes. A *"yezhovshina"* chega em primeiro lugar aos dirigentes. A ofensiva se dá em dois tempos: em março-abril, as autoridades centrais lançam uma grande ofensiva populista para a reeleição — mediante boletins secretos — dos aparelhos locais e regionais do Partido. Essa campanha pretende ser *"conduzida sob a bandeira da autocrítica e da aproximação com as massas"*. Os militantes de base são convidados a denunciar os *"abusos burocráticos"* de seus superiores. Apesar desses incentivos, a tentativa de renovação dos aparelhos acabou em fracasso. É verdade que de 40% a 50% dos secretários eleitos das células em 1937 são homens novos. Nos escalões superiores, contudo, a renovação não ultrapassa os 20% do pessoal político. Nas conferências anuais dos comitês regionais do Partido, que se realizam em maio-junho, os dirigentes locais são, em geral, reconduzidos a suas funções. As autoridades centrais não fazem mais do que constatar sua impotência em se livrar, pelas vias legais, dos *"grandes senhores"* solidamente assentados em seus *"feudos"*.[98]

A segunda etapa — dessa vez decisiva — da ofensiva contra os aparelhos tem início com o anúncio, em 11 de junho de 1937, da prisão do marechal Tukhachevsky e de uma meia dúzia de comandantes do exército. Esses prestigiosos chefes militares são acusados de alta traição, espionagem e participação num complô com o objetivo de derrubar o governo soviético. Alguns dias depois, o primeiro-secretário da região Oeste, Rumiantsev, ligado ao general Uborevich, implicado no complô militar, é preso como *"inimigo do povo"*. Ele é acusado sobretudo de ter *"organizado um imenso plano de sabotagem da economia da Bielorrússia com o intuito de ajudar as potências fascistas vizinhas a invadir essa região fronteiriça vital para a segurança da União Soviética"*. Como se não bastasse, a imprensa se alonga em descrever pormenores sobre os *"divertimentos senhoriais e as vergonhosas orgias da camarilha de Rumiantsev"* — assuntos que evidentemente encontrarão ecos favoráveis no *"homem comum"*, escandalizado com a atitude vergonhosa daqueles que, como ela explica, *"divertiam-se em lançar moedas de suas limusines ao homem comum"*.[99] A prisão de Rumiantsev desencadeia uma onda de repressão contra seus subordinados. Todos os aparelhos políticos e econômicos da região são expurgados.[100] Durante as semanas e os meses seguintes, o mesmo cenário se repete em todas as regiões do país. Sob a acusação de complô ou de sabotagem, a maior parte dos responsáveis econômicos e políticos na esfera dos distritos e das regiões é detida. Emissários do centro são enviados às províncias com a missão, nas palavras do *Pravda*, de *"desinfestar e destruir os ninhos de insetos trotskistas e fascistas"*. Beria se entrega na Geórgia; Kaganovich, em Ivanovo; Smolensk, em Cubã; Molotov, Yezhov e Kruschev, em Kiev.

Enquanto os aparelhos políticos locais são expurgados, outra categoria de responsáveis é duramente atingida: os dirigentes industriais suspeitos de sabotagem. Em 14 de setembro de 1937, um decreto amplia o campo de aplicação da temível lei de 10 de dezembro de 1934[101] aos casos de *"sabotagem e de diversionismo contrarrevolucionários"*. Sob as condições caóticas de funcionamento das empresas soviéticas da época, poucos responsáveis podiam escapar da acusação de "*sabotagem*", uma vez que a definição desse crime, como o explicava o *Pravda*, evidentemente não deveria se limitar ao ato de sabotagem em si: "*A negligência dos violadores de disciplina e a placidez pequeno-burguesa dos administradores míopes abrem caminho para os malfeitos dos sabotadores e constituem atos tão condenáveis quanto a própria sabotagem*".[102] Durante o ano de 1937, dezenas de milhares de gestores da economia são destituídos, presos e condenados, e nisso vinham logo a ser substituídos por jovens especialistas formados nos anos anteriores. Todas essas mudanças desorganizam a produção de forma permanente; os resultados econômicos do segundo semestre de 1937 são catastróficos. As autoridades tentam reagir, lançando uma nova campanha produtivista: o mês de janeiro de 1938 é solenemente batizado: "*Mês stalinista de recordes stakhanovistas*". Enquanto é celebrado o vigésimo aniversário da fundação da polícia política, a desorientação atinge o seu auge tanto na economia quanto no interior do Partido, neste em que, por um fenômeno de reações em cadeia, denúncias se sucedem a denúncias. Em algumas organizações, a quase totalidade dos dirigentes do Partido é denunciada e presa.

SENTIDO E FUNÇÃO DO TERCEIRO PROCESSO

A Assembleia Plenária do Comitê Central, realizada de 11 a 20 de janeiro de 1938, adota um longo texto sobre *Os erros das organizações do Partido na exclusão dos comunistas, as atitudes burocráticas formalistas para com a ação dos excluídos e as medidas destinadas a eliminar essas falhas*.[103] No entanto, uma leitura atenta desse documento não permite afirmar que o texto esteja sinalizando uma interrupção da repressão. Na verdade, após ter estigmatizado os "*abusos*" e o "*zelo excessivo*" dos "*supostos bolcheviques que tentam fazer carreira à custa dos excluídos*", a resolução convocava que se fosse redobrada a vigilância: "*Todos os fatos dos últimos tempos demonstram que um bom número de nossas organizações e de nossos dirigentes ainda não sabe discernir e desmascarar o inimigo habilmente disfarçado... Esse inimigo disfarçado é um indivíduo odioso, de duas caras, que faz o máximo para criar um clima de desconfiança no Partido, para acusar bons comunistas de falta de vigilância e de relações com o inimigo, ainda que esses comunistas jamais assumam a defesa de outro comunista caluniado... Já está mais do que na hora de as organizações do Partido e seus dirigentes desmascararem e exterminarem o inimigo camuflado que penetrou em nossas fileiras"*. É nesse contexto de confusão extrema, no qual a imagem do inimigo, disfarçado e onipresente, parece mais vaga e imprecisa do que nunca que é realizado o terceiro processo de Moscou (março de 1938). Assim como os dois outros grandes processos públicos que o precederam, esse processo responde a um conjunto de funções. Antes de mais nada, ele faz lembrar às massas, da maneira mais solene, a permanência de uma ampla conspiração, dessa vez numa escala sem precedentes, já que estende suas ramificações a todo o território soviético, da Bielorrússia ao Uzbequistão, e lança suas raízes até antes da Revolução de Outubro, com muitos réus tendo sido agentes provocadores da Okhrana tsarista. Essa conspiração ameaça a integridade territorial do país, as conquistas do socialismo. As ações criminosas dos conspiradores explicam as dificuldades econômicas passageiras pelas quais o país atravessa. Tudo estava sendo realizado, é dito, para desorganizar o bom andamento da economia e suscitar o descontentamento dos trabalhadores para com o poder soviético. O antigo comissário do povo para as Finanças solicitava aos diretores de empresa que pagassem com atraso os salários dos trabalhadores (prática de fato bastante comum à época); o antigo comissário do povo para a Agricultura ordenava a seus subordinados que dizimassem o gado soviético; os serviços do diretor das cooperativas organizavam a penúria dos artigos de primeira necessidade. Ao explicitar as lições do processo para as massas, em sua acusação

Vychinski estendeu-se — o que foi reproduzido na íntegra pela imprensa — sobre as consequências concretas do complô para a vida cotidiana dos trabalhadores soviéticos: *"Em nosso grande país, rico em recursos de toda sorte, não se poderia, como não se pode, chegar ao ponto de que um produto venha a faltar. Mesmo assim, a missão de toda essa organização de sabotagem consistia em provocar a falta de produtos que entre nós havia em abundância... Agora está claro por que volta e meia enfrentamos contratempos e por que, apesar da abundância dos produtos, de repente carecemos tanto de um quanto de outro"*.

O processo tem também a função de especificar, num momento de desorientação, a categoria privilegiada dos inimigos. Estes são então os representantes mais prestigiosos da antiga *"oposição de direita"*. Na verdade, desde a Plenária de fevereiro-março de 1937, durante a qual Bukharin e Rykov foram detidos, o bukharinismo não deixou de estar associado ao trotskismo e ao fascismo. Por muito tempo vilipendiados e publicamente condenados, os membros da antiga oposição de direita não constituem uma categoria nova de inimigos, o que permitiria, como foi o caso após o segundo processo, relançar a ofensiva. Isso significa que o processo, cuja instrução se arrastou por quase um ano, aconteceu no pior momento, quando as antigas oposições já foram todas postas no banimento e lançadas na lata de lixo da história? De modo algum. Na realidade, uma das lições do processo por certo que mais esotérica para o público geral, mas perfeitamente clara para os interessados, foi mostrar aos dirigentes recém-promovidos que eles não eram visados pela última *"atualização"* da imagem do inimigo.[104] Ao longo dos debates, o procurador-geral elaborou a ideia segundo a qual *"os crimes monstruosos dos réus... não foram obra do acaso. Já em 1918, por ocasião da celebração da paz de Brest-Litovsk, Bukharin e seu grupo, dito dos 'comunistas de esquerda', assim como Trótski e seu grupo, em conjunto com os socialistas revolucionários, haviam fomentado um complô contra Lênin... Desde os anos 1920, inúmeros membros do Bloco eram* *espiões a soldo dos serviços de espionagem estrangeiros... Muitos deles tinham sido provocadores e agentes da Okhrana tsarista*". Essa caracterização dos inimigos — "*semeadores do medo, almas vis e covardes, traidores que outrora lutaram contra Lênin, durante décadas contra nosso Partido, e que hoje preferem lamber as botas dos fascistas*"[105] —, inconcebível em anos precedentes, antes da grande empreitada de reescrita da história e estatização da memória, não deveria provocar o pânico entre os novos promovidos, que só tinham aderido ao Partido ao final da NEP,* ou seja, no início dos anos 1930. Nas semanas seguintes aos processos, as autoridades, na verdade, adotam certo número de medidas destinadas a acalmar esses novos dirigentes e a mostrar-lhes que o regime aspira a certa estabilidade de gestores, condição indispensável a qualquer retomada econômica. Ao contrário do segundo processo, o processo do "*Bloco dos direitistas e dos trotskistas*" não emite o menor sinal de uma nova onda de repressão. De fato, na primavera de 1938, os piores excessos da "*yezhovshina*" fazem parte do passado. Em agosto de 1938, Yezhov é nomeado comissário do povo para os Transportes Fluviais, que era uma primeira etapa de exclusão. Em 8 de dezembro, o *Pravda* anuncia "*que, mediante sua solicitação*", Yezhov foi afastado de suas funções à frente do NKVD. A imprensa menciona o seu nome uma última vez em 22 de janeiro de 1939...

Resta a grande lição histórica do processo: definitiva e teatral, a combinação do que um dia, ao final dos anos 1920, foi a mais perigosa alternativa ao stalinismo, o bukharinismo. Bukharin, réu mais importante dos processos de Moscou, "*o favorito legítimo do Partido*", como escrevia Lênin, encarna o desvio monstruoso de todos os que não seguiram Stalin e a linha justa. "*A hipocrisia e a perfídia desse*

---

* Trata-se da Nova Política Econômica (NEP, em russo НЭП, acrônimo para Novaya Ekonomiceskaya Politika), adotada na União Soviética entre o momento do abandono do comunismo de guerra, praticado durante a guerra civil de 1921, e o da coletivização forçada dos meios de produção, com Stalin no poder, em 1928. (N. do T.)

homem... monstruoso cruzamento de porco e raposa... ultrapassam", explica Vychinski, *"os crimes mais pérfidos e mais monstruosos da história da humanidade"*. De maneira altamente simbólica, Bukharin é acusado do crime supremo: a tentativa de parricídio. Não teve ele participação direta, afirma a acusação, do complô contrarrevolucionário de julho de 1918, que por pouco não tirou a vida de Lênin, gravemente ferido pela terrorista socialista-revolucionária Fanny Kaplan? A condenação de Bukharin e da corrente que ele representava deve legitimar a obra de Stalin diante da história e fazer reconhecer que ele é de fato o único herdeiro de Lênin.

INTERROGAÇÕES:
AS CONFISSÕES, "O ESPÍRITO PÚBLICO" E OS PROCESSOS

AS CONFISSÕES

Para todos aqueles que, cada vez mais numerosos, puseram-se a duvidar da culpa dos acusados, as confissões continuariam a ser, por muitos anos, *"uma das mais perturbadoras questões postas ao entendimento humano"* (Boris Souvarine). Por que motivo os acusados confessaram, com uma inaudita riqueza de detalhes, crimes que jamais cometeram?

Essa questão não apenas fascinou os historiadores, mas também os romancistas e filósofos. Numerosas hipóteses foram cogitadas. Nenhuma delas é definitiva, já que provavelmente existem tantas explicações quanto casos particulares. As razões que levaram Bukharin a confessar, enquanto tentava, nas entrelinhas, passar uma última mensagem, são, sem dúvida, muito diferentes das que motivaram a confissão de Radek, por exemplo. As confissões efetivamente resultam de uma convergência de fatores bastante diferentes: destino pessoal, escolhas ideológicas, pressões morais e físicas. Uma breve exposição das principais hipóteses levantadas nos auxiliará a melhor compreender as razões das confissões, bem como o modo com que essa perturbadora questão foi percebida por mais de meio século que nos separa dos processos. Ao analisar, a partir do outono de 1936, os aspectos perturbadores do processo dos 16, Friedrich Adler foi um dos primeiros a elaborar um conjunto de perguntas sobre a natureza das confissões. Salientava, em especial, que esse *"processo de caça às bruxas"* tinha ilustres precedentes: *"Durante a Idade Média, os tribunais eclesiásticos haviam recebido milhares de confissões pelas quais o culpabilizado jurava ter estado em relação com o diabo em pessoa, ter celebrado um pacto com ele e ter, tomando por base esse pacto, cometido toda sorte de atos de feitiçaria"*.[1] A observação foi inteligente, mas seria de fato possível comparar o que não era comparável? As confissões de homens da Idade Média, pelas quais a confissão mediante tortura assumia a forma de juízo de Deus, mas e as de revolucionários marxistas, materialistas, ateus, nos anos 1930 na União Soviética?

Para Trótski, que várias vezes se debruçou sobre a questão das confissões, só seria possível começar a compreendê-las se *"não se perdesse de vista nem por um instante que esses acusados tinham várias vezes abjurado de suas convicções ao longo dos anos anteriores"*. Dez anos de capitulação haviam conduzido a maior parte dos acusados a não visualizar outro caminho que não a *"servilidade histérica"*, outra esperança de saúde que não *"uma submissão absoluta, que não uma prostração total"*.[2] De acordo com Trótski, Radek era o exemplo mais completo de *"bolchevique decaído, histérico esvaziado que não se detém diante de ignomínia alguma"*. Durante o primeiro processo, Radek publicara na imprensa um depoimento particularmente violento contra Trótski, acusando-o de ser o chefe de um grupo de assassinos fascistas, o *"superbandido que planejou o assassinato dos melhores homens do proletariado mundial"*.[3] Em seu próprio processo (ele foi um dos dois acusados de ter salvado a própria pele), após ter concluído uma negociação com Stalin, ele chegou ao ponto de realizar a investigação contra si próprio![4] À tese trotskista, vai se opor que é impossível generalizar: os acusados nos processos de Moscou estavam longe de ser todos *"renegados"*, inimigos terminantes da antiga oposição de esquerda. Até ser detido, Muralov, velho amigo pessoal de Trótski, recusara-se a qualquer condenação do trotskismo. Smirnov e Serebriakov, para citar apenas os principais, haviam "*capitulado*" de maneira discreta, e sem renunciar a seus compromissos passados.

Souvarine considerava que a explicação das confissões residia não apenas nas reiteradas declarações de retratação, das quais os "velhos bolcheviques" tinham sido vítimas ou aceitado a coação, e sim mais ainda na prática geral de mentir em todas as afirmações políticas e morais do regime. Nos réus, essa prática geral havia destruído os princípios e as forças morais que poderiam ter feito oposição à aberração e à abjeção das confissões. "*Nesses processos repletos de incertezas*, escreveu Souvarine, *a única certeza é a de que todo mundo mente, tanto o procurador quanto as vítimas visíveis e presentes. Para todos eles, a mentira é o elemento, o hábito, a segunda natureza*.[5] Segundo Souvarine, a fonte do desregramento residia no "*imoralismo revolucionário*" defendido, muito antes de sê-lo pelos bolcheviques, por Nechayev e Bakunin: "*Os bolcheviques herdaram essa concepção e a adaptaram a suas necessidades e à sua época. Para eles, o mundo se divide em dois: o Partido e o resto. Ser excluído do Partido equivale a ser cassado do planeta. Para nele se manter, eles estão dispostos a se degradar, a bater no próprio peito em público com reserva mental,* a se denunciar uns aos outros, a jurar obediência e submissão perinde ac cadaver,*[6] *e assim, tão logo possível, recomeçar suas conspirações*".[7]

Em seu célebre romance *O zero e o infinito*,† publicado em 1940, Arthur Koestler popularizou a célebre tese, amplamente admitida no

---

* A reserva mental é um instrumento jurídico pelo qual se oculta a vontade contrária à declarada, isto é, prescreve a consciente falta de correspondência entre a vontade externa e a vontade interna de um contratante. (N. do T.)
† Trata-se de um romance publicado no Reino Unido, com o título original de *Darkness at Noon* (literalmente, "Escuridão ao meio-dia"), de autoria do jornalista, escritor e ativista judeu-húngaro Arthur Koestler. A trama centra-se na figura de Rubachov, militante já idoso, personagem fictício, mas inspirado no líder bolchevique eliminado pelos expurgos do regime stalinista acima mencionado. Versa sobre suas reflexões como preso político e sobre o processo que o levou a confessar um crime que não cometera e que culminou com sua execução. (N. do T.)

pós-guerra e até o XX Congresso, segundo a qual o velho revolucionário (no livro, trata-se de Rubachov, personagem fortemente inspirado em Bukharin), esgotado com a degradação da doutrina e com as vicissitudes da prática política, totalmente isolado do mundo exterior, sem se resignar em perder a esperança nos fins últimos da Revolução, por fim se deixa ir às confissões, consentindo nelas como o último sacrifício que lhes seria demandado em nome do interesse supremo do Partido... Nessa perspectiva, as confissões seriam apenas a forma mais consumada da identificação do homem político com seu Partido, a forma suprema da devoção à causa.

Apoiando-se nessa tese, durante muito tempo se invocou uma passagem célebre do último discurso de Bukharin: "*Por três meses, eu me recusei a confessar. Por quê? Porque com a minha prisão, eu tinha feito um retrocesso. Quando hoje me pergunto: se você deve morrer, por que razão está morrendo? É então que de repente aparece, com surpreendente nitidez, um abismo absolutamente sombrio. Não há nada pelo que alguém deva morrer, caso eu quisesse morrer sem confessar os meus erros. Ao contrário, todos os fatos positivos que resplandecem na União Soviética assumem proporções diferentes na consciência do homem. Foi o que me forçou a dobrar o joelho ante o Partido e ante o país*".

Em *Humanisme et Terreur* [*Humanismo e terror*], o filósofo Merleau-Ponty retomaria, em nuances, alguns aspectos da tese de Koestler. Para Merleau-Ponty, a chave das confissões encontra-se mais precisamente na ambiguidade da história, no descompasso trágico entre o destino, as escolhas do revolucionário e a razão histórica. "*O trágico atinge seu ápice*", escreve Merleau-Ponty, "*no oponente convencido de que a direção revolucionária está errada [...]. Então, não há apenas fatalidade — uma força exterior que quebra a vontade —, mas verdadeiramente uma tragédia —, um homem que luta contra forças exteriores das quais é secretamente cúmplice —, já que o oponente não pode ser nem a favor, nem de todo contrário à direção no poder. A conclusão: a divisão já não está entre o homem e o mundo, mas entre o homem e ele próprio. Eis aqui todo o segredo das confissões de Moscou".*[8]

Se é verossímil que a *"mística do Partido"* e *"o imoralismo revolucionário"* tenham desempenhado um papel importante na maior parte das capitulações políticas dos oponentes de Stalin, eles não podem ser considerados o elemento de explicação decisivo que permita compreender as confissões. A tese do *"sacrifício revolucionário"* de fato cai por terra quando se sabe que os acusados de modo geral só confessaram ao cabo de uma longa resistência, que para a maioria terminou apenas dias antes da abertura do processo,[9] que essas confissões foram minuciosamente elaboradas, agenciadas, redigidas, repetidas e memorizadas ao final de uma *"colaboração"* cotidiana e prolongada entre os réus e os juízes de instrução ligados à sua pessoa.[10] Existem duas provas que contrariam a tese de que o último sacrifício revolucionário teria sido uma mistificação: homens que não eram bolcheviques e, portanto, não tinham nenhuma razão para pisotear sua honra em favor da causa — os *"intelectuais burgueses"* acusados de sabotagem e julgados durante o processo do *"Partido Industrial"*, por exemplo — confessaram nos mesmos termos e no mesmo tom que os *"velhos bolcheviques"*.[11] Por outro lado, muitos bolcheviques acusados jamais confessaram e foram liquidados sem comparecer a um processo público — daí os numerosos dossiês ausentes nos processos de Moscou.[12] As confissões, indispensáveis para a acusação, já que se constituíam na única *"prova"* de culpa e um argumento de peso diante dos céticos, aparecem, na verdade, como o fruto de uma sutil combinação de métodos de pressão física e moral de todo tipo a atuar sobre indivíduos que muitas vezes haviam abjurado, na esperança, como dizia Bukharin, *"de não se soltar da corrente e não ser arrastado pelo rio"*.[13] Para fazer com que os réus recalcitrantes confessassem, os investigadores não hesitavam em recorrer — como Kruschev reconheceu em seu *Relatório secreto* — a diversos *"métodos ilegais de investigação"*, eufemismo empregado nos anos da desestalinização para designar as formas de tortura física mais engenhosas. Ao que tudo indica, a legalização da tortura remonta a uma ordem secreta que, na sequência do assassinato de Kirov, versou sobre o emprego da tortura contra *"os agentes da espionagem estrangeira"* que *"tentassem penetrar no território soviético"*. O uso da tortura foi generalizado a partir do início de 1937.[14]

    O método mais corrente utilizado pelo NKVD para obter as confissões e quebrar a resistência dos acusados era a *"corrente"* — interrogatório ininterrupto praticado dia e noite ao longo de vários dias, ou mesmo de várias semanas, por juízes de instrução que se revezavam e impediam o réu de dormir. A privação de sono, por vezes as torturas físicas, os interrogatórios incessantemente repetidos, o isolamento por meses, as ameaças a parentes, que em geral também estavam presos, a *"ruptura de solidariedade com o grupo de nível original — na prisão, os corréus lutavam ferozmente mediante confissões interpostas"*[15] —, tudo isso desorganizava a afetividade, obscurecia o juízo, desarticulava o raciocínio e as referências do réu, convocado a reorganizar progressivamente *"a sua própria visão de si mesmo sob a perspectiva da culpa"*.[16] Tratava-se, com efeito, não apenas de arrancar confissões, mas de garantir que o acusado não se retratasse ao longo dos debates públicos. Homens física e psicologicamente destroçados: assim apareciam os acusados, até que, enfim, após alguns meses de investigação, são apresentados ao julgamento público. A grande maioria dos observadores estrangeiros convidados ao espetáculo notou a *"ausência"*, o *"ar distraído"* dos acusados, que, todos, escreve o correspondente do *Matin*, usam *"uma máscara de completa indiferença e de um distanciamento quase inumano"*, da mesma forma como alguns correspondentes não deixariam de elaborar a hipótese de que os réus teriam sido drogados.[17]

    Um último recurso de pressão deveria garantir o bom andamento do processo: a tomada como reféns dos parentes dos réus, ameaçados de liquidação imediata caso o acusado não jogasse o jogo até o fim.

É inegável que as ameaças que pesam sobre a jovem esposa e sobre o recém-nascido de Bukharin, sobre as famílias de Zinoviev e de Kamenev, a filha de Smirnov e a de Krestinsky, para citar apenas os exemplos mais conhecidos,[18] desempenharam um papel determinante na capitulação total desses acusados.

Enfim, como não pensar que, ao menos para os réus do primeiro processo, a aceitação do acordo *"a vida poupada em troca das confissões"* era uma aposta que valia a pena, ainda que nenhuma garantia fosse oferecida, a não ser a prova insignificante de um texto jurídico de ocasião? Uma semana antes da abertura do processo, sem dúvida que para quebrar as últimas resistências, um decreto havia efetivamente restabelecido os direitos de defesa para os acusados, assim como o direito de apelação nos três dias após a sentença. É evidente que esse texto caiu por terra, já que os condenados foram executados antes mesmo de expirado o período de graça que lhes era legalmente concedido para recorrerem. Nessas condições, a promessa de poupar a vida em troca das confissões de modo algum deveria iludir os que seriam acusados nos processos seguintes.

Mais de oitenta anos após as espantosas confissões dos acusados nos processos de Moscou, pode-se identificar melhor a gama de motivações que podem ter pressionado os prestigiosos revolucionários a descer tão baixo. Longe de ser a expressão de um último sacrifício revolucionário, hoje, talvez de modo mais prosaico, as confissões parecem resultantes de uma sinistra negociação entre o juiz e o acusado, como *"a máscara pública de um acordo secreto, que aliás era ambíguo e via de regra violado por uma das partes"*.[19]

Se os juízes não hesitaram em violar o acordo secreto celebrado entre eles e os réus, estes — ao menos os mais brilhantes entre eles — tentaram, cada qual à sua maneira, transmitir uma mensagem nas entrelinhas. Essas mensagens, muitas vezes difícil de decifrar, deveriam fazer com que qualquer mente, mesmo uma pouco perspicaz, compreendesse a inépcia das confissões. Ao ler a reprodução estenográfica dos debates, percebe-se que dificilmente haverá audiência em que não se instaure, por alguns instantes, um curioso diálogo de duplo sentido em que procurador e acusado pareçam aludir a uma regra do jogo secreto de acusação ou defesa da violação. As diferentes formas de resistência usadas pelos acusados foram elencadas num estudo já antigo.[20] Não o retomaremos em detalhe aqui. Entre as mais brilhantes, já mencionamos[21] as de Rykov e de Bukharin, que aceitaram endossar a *"total responsabilidade moral"* dos atos que lhes foram imputados, negando, porém, qualquer participação específica nesses atos, ao que o procurador tentou entrar nos pormenores. Piatakov e Serebryakov também recorreram a esse tipo de *"defesa"*, talvez de forma menos sistemática. Interrogado sobre as instruções de sabotagem que transmitira a seus colaboradores, Piatakov explicou que não podia entrar em detalhes, tendo dado suas instruções *"sob uma forma mais algébrica, de uma forma geral, sem se concretizar..."*.[22] Pressionado para explicitar o teor da conversa que tivera com um corréu acerca da preparação de um ato terrorista contra o camarada Stalin, Serebryakov explicou que *"se essa conversa houvesse existido, ela teria se dado apenas em termos muito gerais"*.[23] Enquanto Radek trocava com o procurador diálogos enigmáticos,[24] Grinko e Zelenski *"resistiam"*, cedendo apenas pouco a pouco às questões que lhes eram feitas (com isso, a confissão do episódio do copo moído na manteiga ocupa diversas páginas na estenografia). Quanto a Yagoda, suas respostas mantinham-se muitas vezes alusivas. Diversas vezes pediu que o tribunal lhe desse permissão para não responder às perguntas que lhe eram feitas, requisição que em nenhum momento lhe foi recusada.[25] Ao longo dos processos, a alusão e o não dito servem como uma discreta lembrança da verdadeira natureza das confissões!

INTERROGAÇÕES: AS CONFISSÕES, "O ESPÍRITO PÚBLICO" E OS PROCESSOS

"O ESPÍRITO PÚBLICO" E OS PROCESSOS

"Em janeiro, começaram a aparecer nos jornais artigos sobre o novo processo que estava prestes a começar. O processo anterior, de Zinoviev e Kamenev, havia causado forte impressão na imaginação de Olga Petrovna, mas, por falta de hábito de ler jornais, ela não o acompanhava no dia a dia. No entanto, dessa vez, Natacha a levou a ler a imprensa, e, todos os dias, elas passaram a ler juntas todos os artigos sobre o processo... Era de fato inacreditável! Aqueles crápulas quiseram matar o nosso tão amado Stalin. Foram eles, como havia se provado, que tinham matado Kirov. Foram eles que provocaram explosões nas minas, que descarrilharam os trens. E quase que em toda empreitada eles tinham as suas próprias criaturas... Numa tarde, após ter lido no jornal a enumeração dos crimes cometidos pelos acusados, após ter ouvido a mesma enumeração no rádio, ela e Natacha imaginaram tão nitidamente os braços e pernas arrancados, as montanhas de cadáveres mutilados, que Olga Petrovna teve medo de ficar sozinha em seu quarto, assim como Natacha receou andar sozinha na rua. Natacha passou aquela noite no divã de Olva Petrovna."[26]

Para Olga Petrovna e Natacha, duas simples datilógrafas, heroínas da notável narrativa de Lydia Chukovskaia, *La Maison déserte* [A casa deserta], testemunho crucial sobre a *"yezhovshina"*,* não há dúvida de que os acusados nos processos de Moscou são culpados. A traição e a sabotagem estão por toda parte. Nem a prisão de seu filho, brilhante engenheiro, que ela sabe ser inocente, nem os dias e noites passados diante da promotoria, entre centenas de outras mães e mulheres cujos filhos ou maridos também tinham sido detidos, conseguiram enfraquecer as convicções de Olga Petrovna: somente o seu

---
* Escrito em 1939-1940, esse texto foi proposto, em 1962, à Novyi Mir, a revista que publicara "Uma viagem de Ivan Denissovitch", de Soljenitsyne. O texto foi recusado sob o pretexto de que a publicação do conto de Soljenitsyne representaria um esforço a que a revista não poderia se arrogar.

filho fora preso por engano; quanto aos demais, seriam todos culpados. Inocentes não são presos, os sabotadores estão por toda parte, e a pátria socialista corre perigo.

Todos os testemunhos literários sobre esse período são unânimes quanto ao seguinte ponto: o novo demonismo é amplamente compartilhado pelas pessoas comuns: se a vida está difícil, é porque há traição, se se alimentam mal, é porque existem verdadeiros traidores. Esse demonismo explica em parte a onda de denúncias vinda de cidadãos comuns, que invadiram promotorias, tribunais, redações de jornais, comitês do Partido, tão logo as autoridades passaram a incentivar publicamente a delação. É verdade que ao homem comum, que estivera sob rédea curta nos anos 1929-1934, não desagradava o fato de ver a "*nata*" da sociedade atingida e eminentes personagens do Partido devidamente expostos e destinados à vingança popular. Há então uma espécie de conivência entre Stalin e o homem comum, uma aliança tácita contra tudo o que cheira a *intelligentsia* e a burocracia. A mobilização popular organizada em torno desse "*ritual de liquidação*"[27] que são os processos de Moscou, tem por objetivo precisamente, como vimos, glorificar a imagem do guia protegido das forças do mal pelo Povo unido em torno dele.

Ao que tudo indica, esse demonismo tem duas origens. Uma delas, popular, lança suas raízes nesse conjunto de crenças mágico-religiosas, verdadeira "*demonologia rural*"[28] que, nos primeiros decênios do regime soviético, ainda se constitui no centro do universo mental das massas. O universo mental do operário-camponês, que, após ter sido expulso de seu vilarejo, invade a cidade soviética (transformando-a profundamente), na verdade, se mantém marcado por um conjunto de crenças ancestrais em forças misteriosas, forças do mal, forças positivas, uma visão maniqueísta do mundo em que se conflagram essas diferentes forças. A problemática dos processos com seus heróis (os dirigentes do Partido e do Estado) e seus demônios (os traidores, sabotadores, espiões etc.) encontra-se perfeitamente adaptada e assimilável pelas massas desenraizadas e desorientadas, brutalmente lançadas num mundo que, estando em plena mutação, elas não compreendem. Mas esse demonismo tampouco será, como observa Moshe Lewin com justeza, "*a expressão do psiquismo e dos valores dos responsáveis por um aparelho de Estado que aumenta quando em contato e conflito com uma antiga cultura rural..., a resposta de uma hierarquia urbana semicultivada ao que ela considerava como interrogações irracionais das massas*".[29] A figura do complô situa-se no ponto de encontro entre uma vontade política e predisposições psíquicas e culturais de uma população desorientada, confrontada com uma crise de valores, com uma situação em que, como afirma uma das heroínas de *La Maison déserte*, "*já não chegamos a realmente nos reconhecer nela*".

A desordem e a incompreensão do que se passa nesse país caracterizam também as reações dos intelectuais e dos gestores diretamente ameaçados pela repressão. Quantos não foram aqueles que, à semelhança de Constantin Simonov, acreditaram na veracidade das acusações dirigidas aos acusados? "*Na primavera de 1937*", reconhece Simonov, num texto que não seria publicado na URSS, "*quando fiquei sabendo do processo de Tukhachevsky, de Iakir e outros comandantes militares — em minha infância, eu tinha visto Tukhachevsky diversas vezes —, estremeci, mas acreditei na veracidade dos fatos que lia, na existência real de uma conspiração militar, nos vínculos dos conjurados com a Alemanha e em seu desejo de dar um golpe de Estado fascista em nosso país. Naquele momento, eu não via nenhuma outra explicação para os acontecimentos.*"[30]

Como Olga Petrovna, a imensa maioria dos membros detidos do Partido estava convencida de que era vítima de um terrível erro judicial. Raros eram os que questionavam o discurso oficial sobre a existência de um complô generalizado. A primeira parte de *Vertige* [*A vertigem*], de Evgenia Ginzburg, continua a ser o testemunho mais notável da psicologia do dirigente comunista, de início posto sob suspeita, depois em quarentena e então preso e condenado. Antes de sua detenção, portanto num período em que se sabia vigiada, Evgenia Ginzburg, jovem membro do Partido, desorientada com o curso dos acontecimentos, porém sempre convicta da existência de uma ampla conspiração que visava derrubar o poder soviético, só pensa numa coisa: ir a Moscou, até Stalin, se for necessário, provar sua inocência. A isso a sua sogra, uma velha camponesa iletrada, mas perspicaz, responde: "*A quem você poderia provar sua inocência? Deus é elevado demais, e Stalin está longe demais!*".[31]

Logo, diante da amplitude da repressão, que atinge um número cada vez maior de pessoas, começa a circular uma espantosa "*explicação*" para os acontecimentos: sob a direção de Yezhov, traidores e sabotadores tomaram conta do NKVD e eliminaram os melhores bolcheviques do país sem o conhecimento de Stalin! "*Sabe, Olga Petrovna, diz Alex, jovem engenheiro e melhor amigo do filho de Olga Petrovna que acaba de ser preso, eu começo a crer que se trata de uma sabotagem colossal. Os sabotadores tomaram conta do NKVD, e agora se tem aí o trabalho sujo deles. Estão lá, os inimigos do povo... Não entendo mais nada, mais nada de nada. A única coisa que eu queria agora era conversar cara a cara com o camarada Stalin. Que ele me explicasse o que pensa de tudo isso.*"[32] Diante do pelotão de fuzilamento, Iakir, como tantos outros comunistas condenados, convencido de que tombava vítima de inimigos que haviam se infiltrado no Comissariado do Povo para o Interior, lança o brado: "*Viva o Partido! Viva Stalin!*".[33] Um grande número de intelectuais não escapa dessa ilusão. "*Pensávamos, relata Ilya Ehrenburg, sem dúvida porque queríamos pensar assim, que Stalin nada sabia dos insensatos massacres de comunistas e da* intelligentsia *soviética... Meyerhold me disse: 'Estão escondendo tudo isso de Stalin!'. Certa noite, encontrei Bóris Pasternak na rua Lavruchensky, 'Se apenas alguém pudesse contar isso a Stalin!', sussurrou, agitando os braços com um ar impotente...*"[34]

As entrevistas de Lydia Chukovskaia com Anna Akhmátova revelam julgamentos mais perspicazes, assim como as memórias de Nadejda Mandelstam.[35] Na verdade, alguns testemunhos literários de que dispomos para tentar compreender as relações dos soviéticos, pessoas comuns e intelectuais, diante dos processos em particular e da "*yezhovshina*" em geral, deixam muitas perguntas sem resposta. Entretanto, uma certeza se evidencia: o medo, a desorientação, a derrocada dos valores, o irracional que prevalece sobre a razão, deixando o terreno livre para a absurda figura do complô, que cada qual interpretava à sua maneira: complô dos acusados, para uns; complô dos acusadores, para outros.

PARA CONCLUIR

Agora, três conjuntos de documentos, recentemente tornados públicos, permitem aprofundar nossa compreensão dos grandes processos de Moscou por meio de vias abertas há cinquenta anos por Annie Kriegel. Tratam-se das últimas cartas de Bukharin a Stalin, Molotov e aos membros do Politburo,[1] reproduções estenográficas das Plenárias do Comitê Central de dezembro de 1936 e fevereiro-março de 1937,[2] e da correspondência trocada, durante a realização do primeiro processo de Moscou (agosto de 1936), entre Stalin e seus colaboradores mais próximos.[3]

As últimas cartas de Bukharin a Stalin, Molotov e Vorochilov esclarecem os principais destaques da confissão tais como foram analisados por Annie Kriegel. "*Os investigadores*", ela observa em seu ensaio *Les Grands Procès dans les systèmes communistes* [*Os grandes processos nos sistemas comunistas*], "*tinham de se ocupar em tocar em especial três cordas sensíveis nos dirigentes bolcheviques: as que comandam o sentimento de culpa, o espírito de zelo e a sede de vingança.*"[4] Dos últimos escritos de Bukharin (incluídos os redigidos antes mesmo da prisão) há uma forte propensão do "filho querido do Partido", como Lênin o havia apelidado, em reconhecer uma culpa imaginária e difusa, que ultrapassa em ampla medida os motivos concretos de que será acusado na sequência. Essa disposição estimulou Annie Kriegel a explorar a perspectiva psicanalítica, a evocar o *"superego forte"* de personalidades *"irresistivelmente levadas a desenvolver um intenso sentimento de culpa inconsciente quando se encontravam em dificuldades com o Partido"*.[5] A origem da perturbação, do sentimento de culpa levado a seu paroxismo é certamente a identificação do Partido como medida única com que todos os valores se relacionam e são medidos. O *"erro"*, o *"pecado original"* (são nesses termos que se expressa Bukharin) é o desvio da Linha, a perda de vigilância direcionada aos *"homens de duas caras"* infiltrados no Partido, a *"traição"* a Stalin, que encarna o Partido, que *"faz a História"*. Alegando a sua inocência pessoal, Bukharin reconhece estar sendo esmagado por *"interesses de importância mundial e histórica"*, implementados pelo Partido-Stalin.[6] Diante dos *"grandes planos"*, da *"grande e audaciosa ideia de expurgo geral"*, o erro judiciário que atinge *"a pessoa miserável"* do acusado não passa, como escreve Bukharin, *"sub specie historiae,*** de um detalhe, de assunto literário".[7]

O *"gosto pela emulação"*† e a *"sede de vingança"*, outros pontos de destaque da psicologia dos acusados, acionados durante o longo caminho que vai da negação à confissão, transparecem de modo admirável também nas cartas de Bukharin. *"Expulsão do Partido — fim da vida"*:[8] para reintegrar um dos círculos do poder, mesmo o mais modesto, reconquistando o estatuto privilegiado de combatente do Partido, Bukharin está pronto para tornar a sair em missão, para o combate, e *"para cima de Trótski e cia."*.[9]

Essas atitudes, ressaltava Annie Kriegel, enraízam-se numa cultura política comunista, marcada por ritos específicos, no primeiro plano dos quais se posicionam a prática da autobiografia, o exame de

---

* *Sub specie historiae*, expressão em latim, significa "do ponto de vista da história", sendo com frequência usada para descrever a perspectiva que leva em conta o contexto histórico de um determinado acontecimento ou fenômeno. (N. do T.)
† "Emulação" aqui deve ser entendido no sentido jurídico, que designa a atitude que leva alguém a recorrer à Justiça para reivindicar um direito que se sabe inexistente. (N. do T.)

nível por ocasião dos *"expurgos"*, as campanhas de *"verificação da carteira do Partido"* e outros controles periódicos, o ritual da autocrítica. Esses ritos preparam o terreno para a confissão, porque predispõem o acusado a reorganizar a própria visão de si mesmo pela perspectiva da culpa, a reconstruir seu percurso e sua verdade íntima em conformidade com a verdade oficial, logo, como disse Bukharin em sua última declaração durante o seu processo, *"a rever todo o seu passado"*.[10]

Sobre esses ritos — notadamente a autocrítica —, os registros estenográficos da Plenária do Comitê Central de janeiro de 1933 e, mais ainda, os das Plenárias de dezembro de 1936 e de fevereiro-março de 1937 (ao fim das quais foram presos Bukharin e Rykov, os antigos dirigentes da oposição da dita "direita" a Stalin) trazem esclarecedoras especificações.[11] Ao contrário dos numerosos dirigentes que tinham aceito fazer sua autocrítica, Bukharin, como Yenukidze antes dele, recusou-se a se curvar ao ritual, tanto na Plenária de dezembro de 1936 quanto na de fevereiro-março de 1937. Dentre as trocas entre Bukharin e os outros membros do Politburo sobressai-se uma extraordinária distinção entre a culpa jurídica e a culpa política do acusado.[12] O que seus colegas censuram em Bukharin, que rejeita as acusações formuladas pelo chefe do NKVD, Yezhov, sobre a sua suposta participação no *"grupo terrorista trotskista-zinovievista"*, é antes de tudo o fato de que ele não reconhece a culpa política no caso, e se recusa a admitir que, ao longo de anos, dá mostras de *"hipocrisia política"*, que não se dobra ao ritual da autocrítica e não quer, como diz Stalin, *"limpar-se da lama em que caiu"*. É de maneira explícita que Molotov recrimina Bukharin por se comportar *"como um homem das leis, um advogado"*, enquanto o próprio Bukharin procura demonstrar que não tem vínculo algum com os *"trotskistas-zinovievistas"*. A administração da prova, o aspecto jurídico da questão, não interessa ao círculo dos dirigentes stalinistas reunido a portas fechadas. Quando Bukharin explica, apoiando-se em provas factuais, que não se encontrou com trotskistas, quando aponta as contradições de seus diversos acusadores, quando demonstra a inexistência dos fatos que lhe são recriminados, seus colegas do Politburo respondem-lhe que "*os fatos não provam nada*", já que Bukharin "*fede politicamente*". "*Você é um hipócrita político*", lhe diz Molotov, "*e agora vamos provar juridicamente essa hipocrisia política.*"[13]

Os telegramas trocados entre Stalin (de férias em Sóchi) e seus colaboradores mais próximos (em especial Yezhov, Molotov, Kaganovich e Ordjonikidze), em agosto de 1936, trazem também esclarecimentos inéditos sobre a encenação do primeiro processo de Moscou.[14] Trata-se de uma encenação, da qual Stalin, tendo ostensivamente saído para as férias de verão justo antes da abertura dos debates, define, em pessoa e a distância, os mínimos detalhes: o que deve ser relatado na imprensa,[15] as personalidades estrangeiras autorizadas a assistir ao processo,[16] as notas que devem ser enviadas aos diversos governos estrangeiros para neutralizar a "*propaganda trotskista*" e a maneira com que devem ser explorados, nos jornais comunistas estrangeiros, os *mea culpa* de antigos dirigentes trotskistas momentaneamente poupados (Radek, Piatakov, Rakovski).[17]

Essas instruções de caráter estratégico são acompanhadas de um constante ajuste tático. Durante os cinco dias do processo, por Yezhov e Kaganovich, diversas vezes ao dia, Stalin é mantido informado do andamento preciso dos debates, dos raros incidentes provocados por tal ou qual acusado que negam tal ou qual detalhe insignificante. Telefona diversas vezes ao dia para tirar dúvidas sobre tal ou qual ponto que lhe pareça pouco claro. No momento em que os acusados ainda fazem suas últimas declarações, Stalin já responde ao "*projeto de veredicto*" expedido na véspera, de Moscou, faltando ainda duas longas rodadas de "*debates judiciais*".[18]

PARA CONCLUIR

"Em primeiro lugar", escreve Stalin, *"o projeto de veredicto encontra-se substancialmente correto, mas faz-se necessário um polimento estilístico. Em segundo lugar, é preciso lembrar no veredicto, num parágrafo à parte, que Trótski e Sedov devem ser julgados diante do tribunal em que se encontram sob acusação ou algo do gênero. É de grande importância para a Europa, tanto para os burgueses quanto para os trabalhadores. É algo totalmente impensável deixar de se referir a Trótski e Sedov no veredicto, pois tal silêncio será entendido como o procurador que quer julgar esses senhores, com a corte estando como que em desacordo com o procurador. Em terceiro lugar, seria necessário excluir as palavras da conclusão: 'o julgamento é definitivo e não pode ser submetido à apelação'. Essas palavras são supérfluas e causam má impressão. Não convém autorizar a apelação, mas não é ruim constar essa possibilidade no julgamento. Em quarto lugar, é preciso reproduzir na integralidade os títulos de Ulrich e dos membros, e a respeito de Ulrich, é preciso dizer que ele não é o presidente de sabe-se qual instituição, mas do Colégio Militar da Corte Suprema."*[19]

Desse conjunto de correspondências trocadas entre Stalin e seus colaboradores mais próximos, a mais esclarecedora é, sem dúvida, a última da série, que versa precisamente sobre a dimensão pedagógica do processo. Trata-se de uma espécie de balanço tático redigido por Stalin duas semanas depois do fim do processo, em 6 de setembro de 1936, pouco tempo antes da substituição de Guenrikh Yagoda por Yezhov na chefia do NKVD.

"A Kaganovich, Molotov.
"O Pravda, em seus artigos sobre o processo dos zinovievistas e dos trotskistas, foi um equívoco retumbante. O Pravda não publicou nem sequer um único artigo que explicasse de maneira marxista o processo de degradação desses canalhas, sua visão sociopolítica, sua

verdadeira plataforma. Ele resume tudo a uma questão pessoal, a de que há perversos que querem assumir o poder e mocinhos no poder, alimentando o público com esse amálgama pueril. É preciso dizer nos artigos que a luta contra Stalin, Vorochilov, Molotov, Zhdanov, Kossior e outros é uma luta contra os sovietes, uma luta contra a coletivização, contra a industrialização, e uma luta, por via de consequência, pela restauração do capitalismo nas cidades e campos da URSS. *Pois Stalin e os outros dirigentes não são pessoas isoladas, e sim a encarnação de todas as vitórias do socialismo na* URSS, *a encarnação da coletivização, da industrialização, da expansão da cultura na* URSS *e, consequentemente, a encarnação dos esforços dos operários, dos camponeses e da* intelligentsia *laboriosa em favor do aniquilamento do capitalismo e triunfo do socialismo.*

"*Seria preciso dizer que aquele que conduzir a luta contra os dirigentes do Partido e do governo da* URSS, *está a favor da aniquilação do socialismo e restauração do capitalismo.*

"*Seria preciso dizer que as discussões sobre a ausência de plataforma entre os zinovievistas e trotskistas é uma mentira da parte desses canalhas e uma ilusão que vigora entre nossos camaradas. Esses canalhas tinham, sim, uma plataforma. A substância de sua plataforma — é o aniquilamento do socialismo na URSS e a restauração do capitalismo. Falar abertamente de tal plataforma não era vantajoso para esses canalhas. Daí a versão deles sobre a ausência de plataforma, e nessa versão nossos idiotas acreditaram piamente.*

"*Seria preciso dizer, enfim, que a degradação desses canalhas à condição de guardas brancos e de fascistas decorre logicamente de seu pecado de terem sido oposicionistas no passado.*

"*No X Congresso do Partido, da fração ou das frações, Lênin ainda dizia que, se em sua luta contra o Partido elas se obstinavam em seus erros, sob o regime soviético deveriam inevitavelmente chegar à guarda branca, à defesa do capitalismo, à luta contra os sovietes, e*

PARA CONCLUIR

deveriam inevitavelmente se fundir aos inimigos do poder soviético. Essa posição de Lênin recebe agora uma fulgurante confirmação. Porém, infelizmente, ela não foi utilizada pelo Pravda.

"Eis com que espírito e em qual direção teria sido necessário conduzir a propaganda na imprensa. Infelizmente tudo isso se perdeu.

"6 de setembro de 1936, Stalin."[20]

De maneira indireta, esse documento esclarece as razões do afastamento de Guenrikh Yagoda. Ao circunscrever os crimes dos acusados tão somente ao terrorismo, a exploração política do qual seria bastante limitada ao deixar de lado toda a *"genealogia do crime"*, aos olhos de Stalin, o chefe do NKVD *"falhou"* na encenação do primeiro processo. A traição descoberta, o processo consumado, os culpados punidos, o inimigo estritamente limitado à categoria numericamente ínfima dos trotskistas-zinovievistas, o caso não pedia outros desdobramentos. Quanto a Stalin, ele traça aqui a argumentação que permite a um só tempo ampliar o círculo de culpados e extrair grandes *"lições históricas"* dos processos futuros. Essas *"lições históricas"* serão perfeitamente explicitadas por ocasião do terceiro processo de Moscou (março de 1938), o mais bem acabado do ponto de vista pedagógico.

Graças à abertura dos arquivos, pode-se também substituir os três grandes processos de Moscou pelo quadro, mais geral, dos cerca de setecentos *"pequenos"* processos políticos públicos, hoje redescobertos,[21] de dirigentes comunistas locais que, sobretudo no segundo semestre de 1937, mantiveram-se num grande número de sedes de província e de distrito. O ponto de partida dessa onda de processos, que os dirigentes stalinistas qualificam, não sem uma ponta de condescendência, como *"processos agrícolas"* — os acusados postos em cena eram, em sua grande maioria, responsáveis por kolkhozes ou dirigentes de distritos rurais, acusados de sabotagem nos setores de agricultura e pecuária —, foi uma diretiva secreta assinada por Stalin em 3 de agosto de 1937. Endereçada aos comitês regionais do Partido, a circular de 3 de agosto informava os dirigentes comunistas locais da existência de um imenso plano de sabotagem da agricultura e pecuária soviéticas por "*inimigos do povo*" infiltrados nas direções dos kolkhozes e sovkhozes, nas administrações locais encarregadas das questões agrícolas, nas estações de máquinas e tratores, nos comitês distritais do partido comunista. A circular exigia a realização imediata, em cada distrito, de dois ou três processos públicos, com uma ampla cobertura na imprensa local e uma forte participação de "*simples kolkhozianos*" como testemunhas de acusação.[22] Essa circular foi seguida de muitos outros textos, em particular de uma decisão do Politburo, assinada por Stalin, com data de 2 de outubro de 1937, explicando que a campanha terrorista dos "*inimigos do povo*" na agricultura assumira "*novas formas particularmente viciosas*"; "*subversão bacteriológica, manifestando-se pela inoculação maciça da peste e da brucelose no gado*" e "*sabotagem dos laboratórios biológicos produtores de vacina*". O texto exigia a realização de novos processos públicos, mediante ampla participação de kolkhozianos, contra os sabotadores, "*particularmente numerosos entre veterinários, zootécnicos, assistentes de laboratórios de biologia, assim como entre funcionários das administrações locais da agricultura e dos sovkhozes*".[23]

Como teatro político de vocação pedagógica, esses processos desenrolavam-se num registro diferente daquele do grande teatro moscovita. Os acusados não eram, como em Moscou, dirigentes conhecidos, figuras históricas do bolchevismo, acusados de crimes abomináveis e improváveis (espionagem, alta traição, conspiração dirigida contra o Estado) que teriam confessado todo o seu plano. Nos "*processos agrícolas*", os acusados eram de pequena relevância local do Partido, que se comportavam como "*senhores em seu feudo*". Eram acusados de crimes bastante reais, ordinários e comuns — sobretudo,

PARA CONCLUIR

abusos de poder contra seus subordinados, maus tratos, brutalidades injustificadas, mandados ilegais, lesões corporais, roubos, extorsões, subornos, chantagens, planos irrealistas de colheita de produtos agrícolas realizados *manu militari*[24] — ou seja, o cotidiano de milhões de kolkhozianos. Ali, a acusação fundava-se não nas confissões dos acusados, mas nas queixas dos kolkhozianos, nas cartas que milhares deles enviavam aos jornais, às instâncias dirigentes, ao procurador, aos responsáveis do Partido. Esses processos públicos, realizados solenemente no Palácio do povo da sede de conselho do distrito, respondiam por uma função pedagógica diferente da dos processos de Moscou: deveriam ilustrar a solicitude de Stalin para com o *"homem comum"*, intimidado pelos *"burocratas malvados"*. O cenário populista desse teatro político, desse carnaval, em que kolkhozianos humildes, chamados ao tribunal para testemunhar sobre os abusos que tinham sofrido, tornavam-se os heróis do momento, enquanto os poderosos eram eliminados e cobertos de opróbrio, era algo simples e acessível a todos. Ele se apresentava da seguinte forma: os inimigos do povo, reagrupados em *"círculos familiares"* — o diretor da estação de máquinas e tratores, o presidente do kolkhoz, o responsável pela agricultura do comitê distrital do Partido e alguns outros acólitos — tinham inaugurado uma via para as posições-chave no comando do reabastecimento e da economia agrícola local. Por seus reiterados abusos, tais inimigos esforçavam-se em fazer os kolkhozianos se voltarem contra o regime. Felizmente, os kolkhozianos ativos e conscientes haviam reagido, escrevendo cartas aos dirigentes do país. Essas cartas ficariam muito tempo bloqueadas por inimigos do povo infiltrados em altos cargos (daí a realização tardia desses processos). Por fim, graças à vigilância e à solicitude de Stalin e de seus mais próximos companheiros de armas, os inimigos do povo, travestidos de dirigentes locais, foram desmascarados e submetidos a julgamento. Era o triunfo do homem comum, dos indivíduos que Stalin qualificara como *"pequenos parafusos da máquina*", o triunfo da democracia soviética reconhecida pela Grande Constituição stalinista de 1936, o triunfo da aliança entre o povo e o Guia.

Reproduzido e repetido pela imprensa local, tal cenário ilustrava uma dimensão central do populismo stalinista, fundado numa concepção arcaica do político, na exploração do mito do *"bom tsar"*.[25]

Contudo, por diversas vezes o desenrolar desse cenário, que introduziu atores locais que se conheciam bem e trabalhavam juntos no dia a dia, saía do controle, escapando dos responsáveis pelo NKVD encarregados do caso. Foi assim que, em Kady (província de Ivanovo), não apenas os acusados recusaram-se publicamente a confessar, como também as testemunhas convocadas para contar sobre os abusos dos tiranos comunistas locais foram *"longe demais"* em seu encargo, lançando-se a críticas não raro direcionadas à *"nova servidão"*, introduzida pela coletivização forçada da zona rural e pelo sistema kolkhoziano. Tendo o tribunal se transformado em local de debates incontroláveis, o processo público foi suspenso, e a experiência teve um fim abrupto.[26] Se o episódio de Kady permaneceu como um caso isolado, ao que tudo indica, pela leitura de certo número de registros de processos do mesmo tipo publicados na imprensa local,[27] as afirmações *"politicamente incorretas"* por parte das testemunhas convocadas ao tribunal foram um fenômeno frequente. Com isso (para citar apenas este exemplo), numa das sedes de conselho da província de Smolensk, uma kolkhoziana bradou: *"Foi o nosso campo que finalmente ganhou do de vocês!"*,[28] deixando assim transparecer com clareza uma visão de mundo fundada na oposição irredutível entre dois campos: "eles" (os comunistas, os burocratas, os *"chefes"*, os *"novos ricos"*) e "nós" (o *"homem comum camponês"*, os *"novos servos"*). Trata-se de uma visão de mundo incessantemente denunciada em todos os relatórios da polícia política sobre *"o espírito público"*.[29] Por outro lado, nenhuma das testemunhas cujas afirmações foram relatadas na imprensa

PARA CONCLUIR

local chegou a manifestar esse *"monarquismo ingênuo"*, que foi esperado pelas autoridades de Moscou: não renderam graças ao *"bom tsar"* Stalin, que permitia a reparação das injustiças cometidas por aqueles que ele, o Guia, fustigava nos seguintes termos — *"esses grandes senhores que pensam que as leis soviéticas foram escritas por imbecis e que atuam em sua região como príncipes feudais em seu feudo"*. Para os kolkhozianos, era precisamente Stalin o principal responsável por sua subjugação, pela carência e pela fome.[30]

Ao cabo de três meses, a experiência dos *"processos agrícolas"* chegava ao fim.[31] A encenação de semelhantes paródias de justiça demandava conhecimentos profissionais e uma longa preparação de testemunhas e acusados. *"O amadorismo criminal"* dos funcionários locais do NKVD viria a se constituir, em fins de 1938 e início de 1939, encerrando o Grande Terror, um dos pretextos para o expurgo daqueles que, um ano antes, haviam *"estragado"* seu espetáculo.

A aprendizagem da pedagogia era, definitivamente, uma arte difícil.

ANEXOS

I
CONCLUSÕES DA COMMISSION DEWEY
(NOT GUILTY!, P. XIII-XV)

Concluímos que Trótski jamais deu a Smirnov instrução alguma tendo em vista atos terroristas por intermédio de Sedov ou de quem quer que fosse.

Concluímos que Trótski jamais deu a Dreitzer instrução alguma tendo em vista atos terroristas por intermédio de Sedov ou de quem quer que fosse.

Concluímos que Goltzman jamais serviu de intermediário entre Smirnov e Sedov tendo em vista qualquer conspiração terrorista.

Concluímos que Goltzman jamais se encontrou com Sedov em Copenhague, que ele jamais foi visitar Trótski em companhia de Sedov, que Sedov não estava em Copenhague no momento da estada de Trótski nessa cidade.

Declaramos que Olberg jamais foi à Rússia com instruções que, tendo em vista atos terroristas, viriam de Trótski ou de Sedov.

Concluímos que Berman-Yourine jamais recebeu instruções dadas por Trótski em Copenhague, tendo em vista atos terroristas, bem como jamais se encontrou com Trótski em Copenhague.

Não encontramos fundamento algum na tentativa de associar M.I. Lourié e N. Lourié a um suposto complô trotskista.

Concluímos que Trótski jamais encontrou Vladimir Romm no Bois de Boulogne, que não transmitiu mensagem alguma a Radek por intermédio de Romm. Concluímos que Trótski e Sedov jamais tiveram contato com Romm.

Concluímos que Piatakov jamais viajou de avião a Oslo em dezembro de 1935, ao contrário do que lhe foi acusado, que jamais encontrou Trótski, nem recebeu de Trótski instrução alguma, de qualquer natureza que fosse. Concluímos que a refutação do testemunho de Piatakov sobre esse ponto crucial subtrai todo o valor do conjunto de suas confissões.

Concluímos que as refutações do depoimento de Romm e do depoimento de Piatakov invalidam totalmente o depoimento do acusado Radek.

Concluímos que a refutação das confissões de Smirnov, Piatakov e Radek invalida totalmente as confissões de Chestov e Muralov.

Temos a convicção de que as supostas cartas pelas quais Trótski teria feito chegar supostas diretivas, tendo em vista uma conspiração, aos diferentes acusados nos processos de Moscou, jamais existiram e que os testemunhos acerca delas não passam de pura invenção.

Concluímos que Trótski, ao longo de toda a sua carreira, tem sido sempre um adversário resoluto do terrorismo individual. Além disso, a comissão concluiu que Trótski jamais deu a quem quer que fosse ordem para assassinar qualquer adversário político que fosse.

Concluímos que Trótski jamais deu aos acusados ou testemunhas nos processos de Moscou ordem de se envolverem com sabotagem, destruição ou diversionismo. Pelo contrário, sempre pleiteou a construção de uma indústria e de uma agricultura socialistas na União Soviética, como sempre censurou no regime atual o fato de que suas atividades prejudicavam a construção de uma economia socialista na Rússia.

Concluímos que Trótski jamais deu a qualquer um dos acusados ou das testemunhas nos processos de Moscou ordem para celebrar acordos contra a União Soviética com potências estrangeiras. Pelo contrário, sempre, e de maneira intransigente, pleiteou a defesa da URSS. Mostrou-se adversário resoluto do fascismo representado pelas potências estrangeiras com as quais é acusado de ter conspirado.

Tendo por base todos esses elementos, concluímos que Trótski jamais preconizou, urdiu ou intentou uma restauração do capitalismo na URSS. Pelo contrário, sempre se opôs resolutamente à restauração do capitalismo na União Soviética.

Concluímos que o procurador falsificou de modo espantoso o papel de Trótski antes, durante e depois da Revolução de Outubro.

Em consequência, concluímos que os processos de Moscou são imposturas.

Em consequência, concluímos que Trótski e Sedov são inocentes.

Nova York, 21 de setembro de 1937.

II

Projeto de texto (1964) sobre os processos de Moscou para a versão preparatória do volume IX da História da URSS *(Istoria SSSR s drevneichikh vremen). Este texto, distribuído para discussão a historiadores especialistas do Instituto de História da Academia de Ciências, jamais foi publicado.*

Após o assassinato de Kirov, houve quatro processos de antigos membros de grupos de oposição: em janeiro de 1935, agosto de 1936, janeiro de 1937, março de 1938. Três deles foram realizados publicamente. Todos os réus foram acusados de traição, espionagem, de atos de diversionismo e sabotagem, de ter organizado atos terroristas contra Stalin e Molotov, do assassinato de Gorki e de outras personalidades. A análise das fontes mostra que a instrução das causas foi feita em flagrante violação das normas legais, e isso mesmo nos processos públicos. As acusações fundamentaram-se nas confissões dos acusados, o que contradiz diretamente o princípio da inocência presumida dos acusados. K.B. Radek declarou que o processo se baseava inteiramente nos depoimentos de duas pessoas: o de Piatakov e o dele próprio. Em tom irônico, perguntou a Vychinski de que forma poderia ser considerados tais depoimentos como provas, se eles eram bandidos e espiões. "*Com que base podeis crer*", perguntou ele a Vychinski, "*que o que dissemos é a mais pura verdade?*"

Atualmente, sem dúvida está estabelecido que a maior parte dos testemunhos produzidos pelos trotskistas e pelos desviacionistas de direita durante o processo não era fundamentada. Isso leva a duvidar da veracidade do conjunto desses testemunhos. O procurador-geral A. Ia. Vychinski conduziu os processos em completa violação das normas dos trâmites. Assim, ao que N. Krestinsky se recusou a se declarar culpado pelas acusações levantadas contra ele, Vychinski determinou a suspensão da audiência, retomando o interrogatório apenas no dia seguinte. E no dia seguinte, Krestinsky declarou que havia respondido "*inocente*" de maneira mecânica, em vez de responder "*culpado*". N.I. Bukharin afirmou jamais ter participado do planejamento de assassinatos nem de nenhum ato de diversionismo, e que a corte não detinha prova alguma para acusá-lo disso. "*Que prova tereis vós*", perguntou ele, "*além das declarações de Charangovich, cuja existência eu desconhecia antes de minha incriminação?*" Quanto a esse ponto, Vychinski, em sua recapitulação dos fatos, declarou cinicamente que para se lançar uma acusação não era necessário que todos os crimes fossem provados. Sendo assim, impõe-se a conclusão de que, tendo em vista as circunstâncias acima referidas, durante esses processos a legalidade foi grosseiramente violada.

III
ÚLTIMAS CARTAS DE BUKHARIN

Em 27 de fevereiro de 1937, enquanto acontecia a Plenária do Comitê Central, cuja ordem foi as exclusões de Bukharin e Rykov do Partido, os dois antigos dirigentes da oposição dita "de direita", Nikolai Bukharin e Alexei Rykov, são imediatamente detidos e encarcerados em Lubianka.*

Desde que, em 21 de agosto de 1936, no terceiro dia de audiência do processo do *"Centro Terrorista Trotskista-Zinovievista"*, o procurador-geral Andrei Vychinski ordenara *"a realização de uma investigação relativa aos depoimentos dos acusados Kamenev, Zinoviev e Reingold que dizia respeito a [...] Bukharin e Rykov como estando mais ou menos envolvidos nas atividades criminosas contrarrevolucionárias pelas quais são julgados os indivíduos implicados no presente caso..."*, Bukharin e Rykov esperavam, de um dia para o outro, a sua prisão. Esses seis meses de espera são uma verdadeira tortura, como testemunham as numerosas cartas escritas por Bukharin nesse período aos membros do Politburo, para tentar convencê-los da inépcia das acusações perpetradas contra ele. Citemos algumas passagens significativas das cartas escritas nesse período.

Aos membros do Politburo (27 de agosto de 1936): *"Estou transtornado até o mais profundo âmago pelo absurdo trágico da situação: durante trinta anos de total dedicação ao Partido, tendo vivido tantos grandes*

---

* "Lubianka" é como popularmente se designa a sede da KGB (da sigla em russo para, em transliteração, Komitet Gosudarstvennoi Bezopasnosti, ou seja, Comitê de Segurança do Estado), e a prisão a ela afiliada, situadas na praça Lubianca, em Moscou. (N. do T.)

momentos no Partido (para o qual eu próprio pude fazer coisas positivas!), e eis que agora sou incluído nas fileiras dos seus inimigos — e que inimigos! Deixar de existir biologicamente tornou-se politicamente inadmissível. Mas a vida em estado de morte política não é mais uma vida... Eu imploro que não prolonguem a instrução do acusado Nikolai Bukharin. Viver nesta situação é um tormento insuportável...".

A Viatcheslav Molotov (10 de dezembro de 1936): *"Eu lhe peço que me compreenda: sei perfeitamente que seu dever como dirigente é desmascarar, capturar e exterminar toda essa escória. E todos têm o dever de participar dessa tarefa... Eu lhe peço que compreenda ainda uma coisa: a situação absolutamente insuportável em que me encontro não advém do fato de eu ter 'medo' de algumas 'consequências disciplinares' (mesmo que objetivamente injustificadas) — a vida que tenho levado não é vida. Ela se deve ao fato de eu não suportar moralmente as suspeitas e acusações. Imagine o estado de um homem que ama com todo o seu ser o Grande Projeto em que está comprometido, e de repente esse homem é acusado de destruir esse Grande Projeto. É um tormento infernal — um castigo moral permanente...".*

A Stalin (16 de janeiro de 1937): *"Não conheço situação mais monstruosamente trágica que a minha: é uma tragédia sem fim. Com sua alma simples, o camarada Yezhov diz: 'Radek, também no início gritava, protestava etc.'. Porém, eu não sou Radek e sei que sou inocente. Nada nem ninguém jamais me forçará a dizer 'sim', quando a verdade é 'não'... Enganei-me redondamente, mas a Revolução sempre foi a minha vida, e seus êxitos são o ar que eu respiro...".*

Nas Plenárias do Comitê Central de dezembro de 1936 e fevereiro de 1937, Bukharin recusou-se a admitir sua culpa, a se dobrar ao ritual da autocrítica, e *"se desarmar diante do Partido"*, logo, segundo a palavra de Stalin, *"a limpar-se da lama em que caiu"*.

Durante um ano, até a abertura, em 2 de março de 1938, do terceiro grande processo de Moscou, no qual os acusados principais,

Rykov e Bukharin, assim como dezoito de seus corréus, foram submetidos a intermináveis interrogatórios, que devem resultar na redação, no mês seguinte, das confissões públicas que os acusados deveriam pronunciar durante o processo — em troca de quê? Da esperança de ter a vida poupada, se não para eles, ao menos para seus entes queridos?

Sobre o último ano da vida de Bukharin, de quem Lênin escrevera em seu *Testamento*: "*Bukharin não apenas é o mais precioso e mais forte teórico do Partido, mas é de modo legítimo que pode ser considerado o camarada mais amado do Partido*", quase nada sabemos.

Em sua biografia de Nikolai Bukharin, publicada em 1973 e tornada clássica, o historiador americano Stephen Cohen tentou conferir uma imagem coerente ao último ano do "*último bolchevique*", insistindo na determinação extraordinária e na força de caráter de seu herói. Ressaltou a coerência da "*linha de resistência*" bukhariniana, e isso desde a carta redigida na véspera de sua prisão ("*Às futuras gerações de dirigentes do Partido*"), na qual Bukharin denunciava com virulência a "*monstruosa perversão*" do sistema, simbolizada muito particularmente pela onipotência da polícia política stalinista, até a maneira com que veio a transmitir a sua própria "*mensagem histórica*" durante o processo. É então que, observa Stephen Cohen, Nikolai Bukharin "*lança-se a uma demonstração estonteante, que recorre ao subentendido, à alusão ou ao discurso codificado [...] empregando todos os meios que estão ao seu alcance, incluindo uma intervenção final na língua de Esopo, a fim de conferir ao papel que lhe foi imposto um significado histórico diferente do que Stalin quer que ele venha a assumir*". Logo, ele consegue "*transformar seu processo em contraprocesso do regime stalinista*".[32] Stephen Cohen recusa categoricamente "*a ideia falsa e em geral bastante disseminada*" segundo a qual Bukharin teria aceitado se acusar de todos os crimes, a fim de remover a sua oposição ao stalinismo e realizar, por esse recurso, um "*último serviço*" ao Partido e ao mito de sua infalibilidade. Daí a famosa interpretação koestleriana, popularizada em *O zero e o infinito*.

Em 1933, a revista russa *Istocnik* ("Fonte") publicou o documento que traduzimos e aqui apresentamos. Trata-se de uma carta de 10 de dezembro de 1937, escrita por Nikolai Bukharin a Stalin e que se encontra no acervo do Departamento Especial do Comitê Central (acervo 3, inventário 24) para os Arquivos Presidenciais da Federação da Rússia.

Esse documento[33] matiza o retrato proporcionado por Stephen Cohen no último capítulo de sua biografia. Vê-se aí um Bukharin tragicamente consciente do fato de que apenas ele e Stalin encarnam o Partido, que faz a História, contra o qual e contra a qual ninguém pode ter razão. Bukharin mantém-se fascinado por Stalin. Esse fascínio, ele o confiara em termos explícitos ao dirigente menchevique Fiodor Dan, em sua última viagem ao exterior, na primavera de 1936. A seu interlocutor, que lhe perguntava por que ele confiava naquele de quem falava com medo e aversão, que ele próprio acabara de qualificar como um "*homenzinho mau*" e "*demônio*", Bukharin replicou: "*O que você não entende é que não é nele que confiamos, é no homem que o Partido confia. Eu não sei como isso veio a acontecer, mas é assim. Ele se tornou o símbolo do Partido. As pessoas comuns, os operários e o povo confiam nele, pode ser que seja falha nossa, mas é assim, e é por isso que entramos todos, uns atrás dos outros, em sua bocarra aberta, todos sabemos que ele vai nos devorar. E ele sabe disso muito bem, basta esperar o momento em que melhor lhe convier fazê-lo*".[34]

O fascínio por Stalin, a impossibilidade de pensar a História fora do Partido e de sua encarnação, a esperança — por mais tênue que fosse — de ter a vida poupada, nem que fosse apenas para seus entes queridos, sem contar as provações dos nove meses já passados na prisão, tudo isso obscurece o juízo e limita o horizonte. Bukharin "*desarmou-se*" diante do Partido e por fim aceitou se dobrar ao ritual. É um homem dilacerado que, numa patética autocrítica, dirige-se a Stalin, aprovando *"a grande e audaciosa ideia de expurgo geral"*, reconhecendo que deve *"expirar"* o seu *"pecado original"* — sua momentânea oposição a Stalin, suplicando a seu carrasco que lhe proporcione uma morte relativamente suave e que não lhe guarde rancor... Contudo, ele lembra que lhe resta juízo suficiente para distinguir, ainda uma vez, como iniciado, entre o ritual exigido pelo Partido e a realidade. A última carta de Bukharin tem uma real dimensão trágica, que humaniza o *"herói bolchevique"* tal como pintado por seu principal biógrafo.

CARTA DE BUKHARIN A STALIN, 10 DE DEZEMBRO DE 1937[35]

Estritamente confidencial, 10 de dezembro de 1937
Pessoal
Peço que ninguém leia[36] *esta carta sem a autorização de I.V. Stalin.*
A I.V. Stalin
Josef Vissarionovich!

Escrevo-lhe esta carta que é, sem dúvida, a minha última carta. Peço a sua permissão para escrever, ainda que eu já esteja sob medida restritiva de liberdade, sem formalidades, tanto mais que esta carta, escrevo-a apenas a você, e a existência ou não dela depende apenas de você.

Hoje é virada a última página de meu drama e, quem sabe, de minha vida. Durante muito tempo hesitei em escrever-lhe — estremeço de emoção, milhares de sentimentos me inundam, e a muito custo me contenho. Mas é precisamente porque me encontro à beira do precipício que desejo lhe escrever esta carta de despedida, enquanto ainda é tempo, enquanto sou capaz de escrever, enquanto meus olhos ainda estão abertos, enquanto meu cérebro funciona.

Para que não haja mal-entendidos, quero lhe dizer desde já que para o mundo exterior (a sociedade):

1. *Eu não retiraria coisa alguma — publicamente — do que escrevi durante a instrução;*
2. *Eu não lhe pediria nada com relação a isso, nem nada que decorresse daí, eu não lhe imploraria nada que pudesse fazer o caso regredir, ele que segue o curso. Mas é para a sua informação pessoal que lhe escrevo. Não posso deixar esta vida sem lhe ter escrito algumas últimas linhas, pois estou atormentado por uma série de coisas de que você deve estar ciente:*

   1º) *Estando à beira do abismo do qual não há retorno, eu lhe dou a minha palavra de honra de que sou inocente dos crimes que confessei durante a investigação;*

   2º) *Fazendo o meu exame de consciência, posso acrescentar, além de tudo o que já disse na Plenária,*[37] *os elementos seguintes, a saber:*

   a. *Certo dia, ouvi falar da crítica feita por Kuzmine,* ao que me parece, mas nunca me ocorreu atribuir a isso a menor importância;*
   b. *Nessa reunião, da qual eu nada sabia (o mesmo vale para a plataforma de Ryutin),† Aikhenvald disse-me duas palavras, na rua, post factum ("os jovens se reuniram, deram palestra") — ou algo do gênero. É verdade, eu o reconheço, à época escondi esse fato, senti pena dos "jovens";*

---

* Trata-se de Vladimir Kuzmine, jovem economista próximo às ideias de Bukharin. Kuzmine, como Aikhenvald, fazia parte de um círculo de economistas que, no início da década de 1930, reunia-se periodicamente em torno da figura de Bukharin. Durante uma dessas reuniões, em 1932 ou 1933, Kuzmine teria dito que seria necessário eliminar Stalin fisicamente. Em 1933, a maior parte dos "jovens economistas bukharinistas", entre os quais Kuzmine e Aikhenvald, foi presa pela GPU e, em 1937-1938, fuzilada.

† Em março de 1932, Martemyan Ryutin redigiu dois textos bastante críticos à política conduzida por Stalin a partir de 1929: uma "plataforma política" intitulada "Stalin e a crise da ditadura do proletariado" e um apelo "A todos os membros do Partido". Detido pela GPU, Ryutin foi condenado a uma pesada pena de trabalhos forçados. Stalin teria desejado que fosse condenado à morte, mas os outros membros do Politburo se opuseram a essa medida extrema, que até então jamais tinha sido aplicada a um dirigente comunista.

ANEXOS

c. *Em 1932, fiz jogo duplo com meus "alunos". Eu pensava sinceramente que ou deveria devolvê-los por completo ao caminho correto do Partido, ou os repeliria. É isso, é tudo. Acabo de purificar minha consciência até os mínimos detalhes. Todo o restante não existiu ou, se existiu, de nada sei.*

Na Plenária eu disse a verdade, toda a verdade, mas ninguém acreditou em mim. E agora, repito a você a seguinte verdade absoluta: durante os últimos anos, segui honesta e sinceramente a linha do Partido e aprendi, com meu entendimento, a respeitar e amar você.

3º) *Eu não tinha outra "solução" a não ser confirmar as acusações e os testemunhos dos outros e desenvolvê-los: em outras palavras, seria possível pensar que eu "não largaria o combate".*

4º) *Além das circunstâncias exteriores e a consideração 3 (acima), eis aqui o resultado de minhas reflexões sobre tudo o que tem acontecido, eis a conclusão a que cheguei:*

Há uma grande e audaciosa ideia de expurgo geral a) em relação com a ameaça de guerra; b) em relação com a passagem à democracia. Esse expurgo atinge a) os culpados; b) os elementos duvidosos; c) os potencialmente duvidosos. É evidente que ele não pode me deixar de lado. Uns são neutralizados de um modo, outros, de outro, e terceiros, ainda de modo diferente. Dessa maneira, a direção do Partido não assume nenhum risco, munindo-se de garantia total.

Eu lhe peço, não pense que ao assim meditar eu esteja a lhe dirigir qualquer censura. Eu amadureci, compreendo que os grandes planos, as grandes ideias, os grandes interesses são mais importantes que tudo, que seria mesquinho colocar a questão da minha miserável pessoa no mesmo plano que esses interesses de importância mundial e histórica, que repousam, acima de tudo, em seus ombros.*

---

* Bukharin desenvolveu esse tema, que é central, em outras cartas, endereçadas sobretudo a Vorochilov e a Molotov. Em 31 de agosto de 1936, alguns dias após ser questionado por Kamenev durante o primeiro "processo de Moscou", Bukharin escreve a Vorochilov: "Há na História

E eis aqui o que mais me atormenta, o paradoxo mais insuportável:

5º) Se eu estivesse absolutamente certo de que você visse as coisas como eu, minha alma ficaria aliviada de um peso terrível. E então, o que fazer? Pois é preciso fazer, é preciso fazer! Mas, acredite, meu coração sangra só em pensar que você possa crer na realidade de meus crimes, que você possa crer, do fundo de sua alma, que eu, de fato, seja culpado por esses horrores. Se tal fosse o caso, o que isso significaria? Significaria que eu mesmo contribuo para a perda de toda uma série de pessoas (a começar por mim mesmo), que eu faço conscientemente o Mal! Nesse caso, nada mais se justifica. E tudo se turva à minha mente, e tenho vontade de gritar e bater a cabeça contra a parede! É verdade, nesse caso sou eu quem provoca a perda dos outros. O que fazer? O que fazer?

6º) Não guardo um pingo de ressentimento. Não sou cristão. É verdade que tenho minhas esquisitices. Considero que devo expiar pelos anos em que de fato conduzi um combate de oposição à linha do Partido.* Sabe, o que mais me atormenta neste momento é um episódio que você talvez tenha até esquecido. Um dia — deve ter sido no verão de 1928 —, eu estava em sua

---

incontáveis exemplos em que pessoas notáveis e excelentes políticos cometeram erros fatais em 'assuntos particulares'. Bem, eu seria esse coeficiente de erro. *Sub speciae historiae*, é um detalhe, um tópico literário". Pressentindo a heresia, Vorochilov reagiu de maneira bastante vivaz (carta a Bukharin de 3 de setembro de 1936): "Eu lhe devolvo a sua carta, na qual você se permitiu infames ataques contra a direção do Partido. Sua intenção foi de me convencer de sua total inocência; convenceu-me apenas de uma coisa: de ficar o mais longe possível de você, quaisquer que fossem os resultados da investigação aberta contra você. Se não retirar, por escrito, as suas abjetas críticas à direção do Partido, vou tomá-lo por um miserável patife". Em sua resposta (3 de setembro de 1936), sem ceder quanto ao fundo, Bukharin retoma vagamente a questão da possibilidade, para a direção do Partido, "que considero notável", de estar cometendo "um erro que pessoalmente me diz respeito".

* Esse tema está presente em diversas cartas de Bukharin anteriores à sua prisão. Numa longa carta de 10 de dezembro de 1936 a Molotov, Bukharin afirma sua inocência, recusando qualquer vínculo com os antigos oposicionistas, Trótski, Radek, Zinoviev, Kamenev. Todavia ele reconhece: "Que culpa tenho eu, na verdade? 1) Da minha atitude em 1928-1929; 2) da minha ausência de vigilância e de visão em longo prazo, talvez de minha busca vã por pessoas talentosas, a qual nem sempre levou em conta os riscos políticos que essas pessoas poderiam representar; da excessiva confiança que deposito nos indivíduos em geral. Mas, como a experiência tem mostrado, esse tipo de defeito é bastante frequente..."

casa e você me disse: sabe por que sou seu amigo? Porque você é incapaz de provocar intrigas contra quem quer que seja. Eu concordo. Logo depois, vou correndo à casa de Kamenev ("primeiro encontro"). Quer acredite em mim ou não — esse é o episódio que me atormenta, é o pecado original, o pecado de Judas. Meu Deus! Que imbecil, que moleque eu era então! E agora, estou expiando por tudo isso ao preço de minha honra e de minha vida. Por isso, perdoe-me, Koba. Eu escrevo e choro. Mais nada me importa, e você bem sabe: não faço mais do que agravar minha situação ao lhe escrever tudo isto. Mas não posso me calar, sem lhe pedir, uma última vez, perdão. É por isso que não estou com raiva de ninguém, nem da direção do Partido nem dos instrutores, e mais uma vez lhe peço perdão, que eu seja punido de tal modo que tudo não seja mais do que trevas...

7º) Durante as alucinações, vi-o diversas vezes, e em uma das vezes vi Nadejda Sergueievna.* Ela se aproximou de mim e disse: "O que fizeram com você, Nikolai Ivanovich? Vou dizer a Josef para ajudá-lo". Tudo foi tão real que tive um sobressalto e quase lhe escrevi para... que você viesse me ajudar! A realidade se misturava à alucinação. Sei que Nadejda Sergueievna jamais acreditou que eu pudesse pensar mal de você, e não foi por acaso que o inconsciente de meu desafortunado "eu" a chamou em meu socorro. Quando penso nas horas que passamos discutindo juntos... Meu Deus, por que não existe um aparelho que lhe permita ver minha alma dilacerada, estraçalhada pelos bicos dos pássaros! Se ao menos você pudesse ver como lhe sou interiormente ligado, diferente desses Stetski e Tal'.† Bem, perdoe-me por essa "psicologia". Já não há mais anjo nenhum que possa afastar a espada de Abraão! Que o Destino se cumpra!

8º) Permita-me, enfim, concluir com estas pequenas solicitações:

---

* Trata-se de Nadejda Sergueievna Allilueva, esposa de Stalin, a qual se suicidou em 1932.
† Refere-se a Alexis Stetski, redator-chefe da revista *Bolchevik*, e de Boris Tal', responsável pelo departamento "Imprensa" do Comitê Central e redator-chefe adjunto do Izvestia.

a. *Seria para mim muito mais fácil morrer do que suportar o processo que me espera. Não sei como serei capaz de vencer a minha natureza — você a conhece. Não sou inimigo do Partido nem inimigo da URSS, e farei tudo o que estiver ao meu alcance, mas, em razão das circunstâncias, minhas forças se encontram no nível mais baixo, e sentimentos dolorosos afluem à minha alma. Deixando de lado qualquer sentimento de dignidade e vergonha, estou disposto a ficar de joelhos e lhe implorar que me mantenha afastado desse processo. Sem dúvida, porém, não há nada que possa ser feito, e eu lhe peço, se ainda for possível, que me permita morrer antes do processo, ainda que eu saiba que quanto a isso você é bastante severo.*

b. *Se é uma sentença de morte que me espera, eu lhe peço, eu suplico em nome de tudo o que lhe é caro, não deixe que me fuzilem, quero eu mesmo poder tomar veneno (que me deem morfina, para que eu adormeça e não acorde mais). Esse aspecto das coisas me é muito importante, estou em busca das palavras para suplicar: politicamente, isso não vai prejudicar ninguém, ninguém ficará sabendo. Mas pelo menos deixe-me viver minhas últimas semanas como eu quiser. Tenha piedade! Como você me conhece bem, entende o que eu quero dizer. Por vezes vejo a morte com olhos lúcidos, e sei — eu bem sei — que sou capaz de atos de bravura. E por vezes esse mesmo eu é tão fraco, tão alquebrado, que não é capaz de coisa alguma. Então, se tenho de morrer, quero uma dose de morfina. Eu suplico.*

c. *Quero poder dizer adeus à minha mulher e ao meu filho. À minha filha, não é o caso. Tenho pena dela, isso será duro demais para ela. Quanto a Aniuta — ela é muito jovem, vai superar, e ademais tenho vontade de lhe dizer adeus. Eu lhe peço que possa encontrá-la antes do processo. Por quê? Quando meus entes queridos entenderem o que confessei, serão capazes de pôr um fim a seus dias. Devo prepará-los de certa forma. Penso que tal será melhor também no interesse do caso, de sua interpretação oficial.*

d. *Caso a minha vida seja poupada, eu gostaria muito (mas para tanto precisaria falar com a minha mulher):*
— *de exilar-me nos Estados Unidos por x anos. Argumentos a favor: eu faria campanha pelos processos, conduziria uma luta até a morte contra Trótski, reconduziria para nós amplas camadas da* intelligentsia, *seria na prática o antitrótski e realizaria qualquer operação com formidável entusiasmo. Vocês poderiam enviar comigo um chekista** *experiente e, como garantia suplementar, poderiam manter minha mulher refém na* URSS *por seis meses, tempo para que eu demonstre, com fatos, como posso ir para cima de Trótski e cia. etc.*†
— *Se você tiver, ainda que seja um milímetro de dúvida quanto a essa possibilidade, exile-me, ainda que por 25 anos, em Pechora ou Kolimá, num campo. Lá organizarei uma universidade, um museu, uma estação técnica, institutos, uma galeria de arte, um museu etnográfico, um museu zoológico, um jornal do campo. Numa palavra, realizarei lá um trabalho pioneiro de base, até o fim de meus dias, com a minha família.*

---

* "Chekista" faz uma referência à Cheka (ou Tcheka, abreviação para a denominação em russo de Всероссийская чрезвычайная комиссия по борьбе с контрреволюцией и саботажем, isto é, "Comissão Extraordinária de Toda a Rússia para o Combate à Contrarrevolução e à Sabotagem" — trata-se da primeira polícia secreta da URSS, que foi criada por Lênin em 1917 e operou até 1922, quando passou por diversas reorganizações. (N. do T.)

† Essa passagem é semelhante à de uma carta que Bukharin escreve a Stalin em 16 de janeiro de 1937, pouco antes de sua prisão, durante a Plenária do Comitê Central, em 27 de fevereiro de 1937. Ali ele solicita especificamente a Stalin que o envie à Espanha: "Argumentos a favor: 1) eu compreendo a situação; 2) tenho larga experiência na luta contra anarquistas e anarcossindicalistas; 3) travarei uma luta até a morte contra os trotskistas; 4) conheço muitas línguas estrangeiras, posso aprender o espanhol rapidamente (pois sei um pouco de italiano etc.). Na Espanha, poderei renascer e ser mais útil. Não penso na possibilidade de você dizer: 'E se você fugir?'. Estaria você a tal ponto influenciado pelas calúnias? Realmente pensa que para mim a URSS é uma sigla vazia?... Eu deixaria aqui minha mulher tão amada, meu pai... Quando você vir com os próprios olhos o quanto sou capaz de lutar, como o mais fiel de seus homens, permitirá que minha mulher venha se juntar a mim (ou me dará uma licença)".

A bem da verdade, não tenho esperança alguma, já que o fato por si só de uma mudança de diretiva da Plenária de fevereiro é bastante significativo (e vejo que o processo não terá lugar no futuro).

Eis aqui, então, minhas últimas solicitações (mais uma vez: o trabalho filosófico que ficou em casa, na minha casa — ele contém algo de útil).

Josef Vissarionovich! Você perdeu em mim um de seus generais mais capazes e mais devotados. Ora, isso é passado. Recordo-me agora do que Marx escreveu sobre Barclay de Tolly, acusado por Alexandre I de o ter traído. Ele dizia que o imperador tinha se privado de um excelente colaborador. Com quanto ressentimento não me pego pensando nisso! Preparo-me interiormente para deixar esta vida, e não tenho, para com você, com o Partido, para com a nossa Causa, nada além de um sentimento de imenso amor sem limites. Farei tudo o que for humanamente possível e impossível. Escrevi-lhe acerca de tudo. Pus os pingos nos is acerca de tudo. Antecipei-me, pois não sei como estarei amanhã, depois de amanhã etc.

Pode ser que, neurastênico como sou, seja eu tomado de uma apatia total e absoluta, a ponto de não conseguir mover nem sequer o dedo mínimo.

E é assim que agora, com a cabeça pesada e olhos marejados, ainda sou capaz de escrever. Minha consciência encontra-se pura diante de você, Koba. Eu lhe peço, ainda uma vez, perdão (um perdão espiritual). Eu lhe dou um abraço em pensamento. Digo adeus para os séculos dos séculos, e não guarde rancor algum pelo desafortunado que sou.

Nikolai Bukharin,
10 de dezembro de 1937.

CRONOLOGIA

1929	
Janeiro	Trótski é expulso da URSS.
Abril	A XVI Conferência do Partido aprova o primeiro plano quinquenal, cuja realização deve se iniciar em outubro de 1928.
Novembro	Bukharin é afastado do Gabinete Político.
27 de dezembro	Stalin anuncia o fim da NEP (Nova Política Econômica), a política de coletivização e a "liquidação dos kulaks enquanto classe".
1930	
Novembro-dezembro	Processo público do "Partido Industrial, grupo de engenheiros e técnicos acusados de sabotagem e de complô.
1932	
Setembro	"Plataforma" de Ryutin, condenando a política de Stalin.
Outubro	Contatos entre Sedov e militantes trotskistas que permaneceram na URSS.

1933	
28 de abril	Decreto do CC anunciando uma ampla campanha de depuração do Partido.
Verão	Fome na Ucrânia. Milhões de vítimas.
1934	
Janeiro	XVII Congresso do Partido ("Congresso dos Vencedores").
1o de dezembro	Assassinato de Kirov por Nikolaiev, em Leningrado.
17 de dezembro	Resolução do Comitê do Partido de Moscou, que implicou "a infame escória do antigo grupo zinovievistas" no assassinato de Kirov.
22 de dezembro	A agência Tass revela que o assassinato de Kirov foi preparado por um "Centro de Leningrado".
28-29 de dezembro	Nikolaiev, assassino de Kirov, e 13 réus do "Centro de Leningrado" são julgados a portas fechadas e condenados à morte.
1935	
16 de janeiro	Processo de Zinoviev, Kamenev e 17 cúmplices acusados da formação de um "Centro Moscovita de Atividade Contrarrevolucionária".
10 de fevereiro	Plenária do CC. Nomeação de Mikoian e de Chubar ao BP e de Yezhov ao Secretariado do CC.

6 de fevereiro	O VII Congresso dos Sovietes propõe, "por iniciativa do camarada Stalin", a elaboração de um novo projeto de Constituição.
13 de maio	Circular secreta do CC às organizações do Partido "sobre as desordens constatadas no estabelecimento, na emissão e no controle das cartas do Partido.
25 de maio	Decreto do CC abolindo a Sociedade dos Velhos Bolcheviques.
Setembro-outubro	Inícios do movimento stakhanovista.
1936	
14 de janeiro	Início da campanha de troca de cartas do Partido.
27 de janeiro	Publicação das Observações de Stalin, Zhdanov e Kirov sobre os manuais de história.
17 de julho	Levante militar no Marrocos espanhol do general Franco.
24-25 de julho	Chkalov e sua tripulação realizam o "voo histórico" Moscou-Nikolaievski.
29 de julho	Circular secreta do CC às organizações do Partido sobre "a ação terrorista do bloco contrarrevolucionário dos partidários de Trótski e Zinoviev".
14 de agosto	A agência Tass anuncia realização em breve de um grande processo político.

19-23 de agosto	1º processo de Moscou.
23 de setembro	O *Pravda* anuncia uma série de explosões e atos de sabotagem nas minas de Kemerovo (Sibéria ocidental).
25 de setembro	Telegrama de Stalin e de Zhdanov ao BP solicitando a substituição de Yagoda na chefia do NKVD.
30 de setembro	Yezhov nomeado para a chefia do NKVD.
Outubro	Publicação de *Regresso da URSS*, de Gide.
Novembro	Publicação do *Livro vermelho sobre o processo de Moscou*, de Sedov.
20 de novembro	O *Pravda* anuncia a abertura, em Novosibirsk, de um grande processo público contra um grupo de sabotadores trotskistas.
5 de dezembro	Adoção da nova Constituição Soviética.
1937	
23-30 de janeiro	Segundo processo de Moscou.
23 de fevereiro-5 de março	Plenária do CC. Detenção de Bukharin e de Rykov.
Março	Em Nova York, a formação da "Comissão de Investigação Internacional Sobre as Acusações Levantadas contra Leon Trótski no Processo de Moscou".
11 de junho	O *Pravda* anuncia a detenção do marechal Tukhachevsky e de numerosos comandantes do exército por espionagem e traição.

30 de julho	Ordem operacional secreta do NKVD n° 00447 "Sobre a repressão dos ex-kulaks, criminosos e outros elementos antissoviéticos".
11 de agosto	Ordem operacional secreta do NKVD n° 00485 "Sobre a liquidação total das redes de espiões e terroristas da Organização Militar Polonesa".
Setembro	Publicação do relatório da Comissão de Investigação Internacional que deixou Trótski e Sedov fora do processo.

1938

11-20 de janeiro	Plenária do CC.
2 de março-13 de março	Terceiro processo de Moscou.
Dezembro	Beria é nomeado para a chefia do NKVD.

1940

20 de agosto	Trótski é assassinado por um agente do NKVD no México.

1949

Janeiro-fevereiro	Processo Kravchenko — As cartas francesas.

1956

Fevereiro	XX Congresso do PCUS.
25 de fevereiro	Leitura do *Relatório secreto* diante dos únicos delegados do congresso, por Kruschev.

1961

Outubro	XXII Congresso do PCUS. Numerosos testemunhos sobre "os abusos de poder do período do culto à personalidade".

BIBLIOGRAFIA

OS PRÓPRIOS PROCESSOS

O *Processo do Centro Terrorista Trotskista-Zinovievista*, Comissariado do Povo da Justiça da URSS. Moscou, 1936.

O *Processo do Centro Antissoviético Trotskista*, Comissariado do Povo da Justiça da URSS. Moscou, 1937.

O *Processo do Bloco dos Direitistas e dos Trotskistas Antissoviéticos*, Comissariado do Povo da Justiça da URSS. Moscou, 1938.

BROUÉ, P. *Les Procès de Moscou*. Paris: Gallimard, "Archives", 1964 (apresentação crítica dos relatórios estenográficos dos processos, dossiês da revisão realizada a partir do XX Congresso).

FITZPATRICK, S. "How the Mice Buried the Cat: Scenes from the Great Purges of 1937 in the Russian Provinces". *Russian Review*, nº 52, 1993.

KRIEGEL, A. "Les Grands Procès dans les systèmes communistes. La pédagogie infernale". Paris: Gallimard, *Idées*, 1972.

LE Roy Ladurie, E. (Org.). *Les Grands Procès politiques*. Paris: Éd. du Rocher, 2002.

WERTH, N. "Les petits procès exemplaires en URSS durant la Grande Terreur, 1937-1938". *Vingtième Siècle. Revue d'Histoire*, no 86, abr.-jun. 2005.

YAKOVLEV (A.N.) (Org.), *Reabilitatsia, Politiceskie processy, 30-50 godov* (Reabilitação. Os processos políticos dos anos 1930-1950). Moscou: Iz. Pol. Lit., 1991.

REAÇÕES E REFUTAÇÕES

CAHIERS Léon Trotsky, número especial, 1979, no 3: "Les procès de Moscou dans le monde".

THE Case of Leon Trotsky. Rapport de la Commission préliminaire d'enquête sur les charges contre Léon Trotsky. Nova York: Harper and Brothers, 1937.

CŒURÉ, S. La Grande Lueur à l'Est. Les Français et l'Union soviétique, 1917-1939. Paris: Le Seuil, 1999.

CUBLIER, A. La Presse française et les procès de Moscou. Paris: Fondation nationale des sciences politiques, tese datilografada, 1970.

KUPFERMAN, F. "Au pays des Soviets. Le voyage français en Union soviétique, 1917-1939". Paris: Gallimard, Archives, 1979.

NOT Guilty! Rapport de la Commission d'enquête sur les charges contre Léon Trotsky. Nova York: Harper and Brothers, 1938.

SEDOV, L. Livre rouge sur le procès de Moscou. Paris: Éd. Populaires, 1936.

SERGE, V. Seize fusillés. Où va la Révolution russe? Paris: Spartacus, 1936.

TROTSKY, L. La Révolution trahie. Les crimes de Staline. Paris: Grasset, 1937.

O CONTEXTO SOCIOPOLÍTICO DOS PROCESSOS

XVII S'ezd VKP (XVII Congresso do PC da URSS, relatório estenográfico dos debates, em russo). Moscou, 1934.

CILIGA, A. Au pays du grand mensonge. Paris: Gallimard, 1938.

CONQUEST, R. La Grande Terreur. Paris: Stock, 1968.

COURTOIS, S.; Werth, N. et al. Le Livre noir du communisme. Paris: Laffont, 1997.

DAVIES, S. Popular Opinion in Stalin's Russia. Terror, Propaganda and Dissent, 1934-1941. Cambridge University Press, 1997.

FAINSOD, M. Smolensk à l'heure de Staline. Paris: Fayard, 1967.

FITZPATRICK, S.,
- "Stalin and the Making of a New Elite", Slavic Review, 1977, no 3.
- Le Stalinisme au quotidien. Paris: Flammarion, 2002.
- (org.) Stalinism. New Directions. Londres: Routledge, 2000.

GETTY, J.A. Origins of the Great Purges. Cambridge University Press, 1985.

HELLER, M., Nekrich, A. L'Utopie au pouvoir. Histoire de l'URSS de 1917 à nos jours. Paris: Calmann-Lévy, 1982.

KHLEVNIOUK, O. *Le Cercle du Kremlin. Staline et le Bureau politique dans les années 1930*. Paris: Le Seuil, 1996.
LEWIN, M. *The Making of the Soviet System*. Londres: Methuen, 1985.
MEDVEDEV, R. *Le Stalinisme*. Paris: Le Seuil, 1972.
NIKOLAEVSKY, B. *Power and the Soviet Elite*. Nova York, 1965.
RITTERSPORN, G. T. *Conflits sociaux et politiques en* URSS, *1936-1938*. Paris, tese datilografada, Université Paris I, 1976.
SCHAPIRO, L. *The Communist Party of the Soviet Union*. Nova York: Vintag Books, 1960.
VOLKOGONOV, D. *Staline. Triomphe et tragédie*. Paris, 1991.
WERTH, N. *L'ivrogne et la marchande de fleurs. Autopsie d'un meurtre de masse*, URSS 1937-1938. Paris: Tallandier, 2009 (reedição Points-Seuil, 2012).

A QUESTÃO DAS CONFISSÕES

BECK, F., Godin, W. *Russian Purge and the Extraction of Confession*. Nova York: Viking, 1951.
KOESTLER, A. *Le Zéro et l'Infini*. Paris: Calmann-Lévy, 1940.
LEITES, N., Bernaut, E. *Ritual of Liquidation*. Glencoe, III., 1954.
MERLEAU-PONTY, M. *Humanisme et Terreur*, Paris, 1947.
SOUVARINE, B. *Aveux à Moscou*. Paris: La vie intellectuelle, 1937.
WEISSBERG, A. *L'Accusé*. Paris: Fasquelle, 1953.

TESTEMUNHOS LITERÁRIOS SOBRE O PERÍODO DOS PROCESSOS DE MOSCOU

CHUKOVSKAIA, L.,
 - *La Maison déserte*, Paris: Calmann-Lévy, 1975.
 - *Entretiens avec Anna Akhmatova*. Paris: Albin Michel, 1980.
GUINZBOURG, E. *Le Vertige*. Paris: Le Seuil, 1967.
MANDELSTAM, N. *Contre tout espoir*, 3 vols. Paris: Gallimard, 1970-1975.

NOTAS

1 INTRODUÇÃO

1. Ver Nicolas Werth. "Repenser la Grande Terreur". *Le Débat*, nº 122 (novembro-dezembro 2002), p. 118-140.
2. Ver Nicolas Werth. "Histoire d'un pré-rapport secret". *Communisme*, nº 67-68 (2001), p. 9-40.

O ACONTECIMENTO: TRÊS PROCESSOS EM MOSCOU

1. P. Broué. *Les Processes de Moscou*. Paris: Gallimard, 1967, p. 42.
2. R. Conquest. *La Grande Terreur*. Paris: Stock, 1968, p. 65-66.
3. L. Sedov. *Livre rouge sur les Procès de Moscou*. Paris: Éd. Populaires, 1936, p. 42-43.
4. *O Processo do Centro Terrorista Trotskista-Zinovievista*. Comissariado do Povo para a Justiça da URSS. Moscou, 1936, p. 180.
5. *O Processo do Centro Antissoviético Trotskista*, Comissariado do Povo para a Justiça da URSS, Moscou, 1937, p. 6-18.
6. *O Processo do Centro...*, op. cit., p. 221-222.
7. *O Processo do Centro...*, op. cit., p. 270-271.
8. *O Processo do Centro...*, op. cit., p. 412.
9. *O Processo do Centro...*, op. cit., p. 538.
10. *O Processo do Centro...*, op. cit., p. 573.
11. *O Processo do Bloco dos direitistas e dos trotskistas antissoviéticos*, Comissariado do Povo para a Justiça da URSS, Moscou, 1938, p. 6-30.

12. *O Processo do Bloco...*, op. cit., p. 433-434.
13. *O Processo do Bloco...*, op. cit., p. 449-452.
14. *O Processo do Bloco...*, op. cit., p. 351-352.
15. *O Processo do Bloco...*, op. cit., p. 491-492.
16. *O Processo do Bloco...*, op. cit., p. 532.
17. *O Processo do Bloco...*, op. cit., p. 557.
18. *Pravda*, 10 de março de 1938.
19. *Gringoire*, 27 de janeiro de 1937.
20. Duhamel, G. *Le Voyage de Moscou*. Paris: Mercure de France, 1928.
21. Entrevista de É. Herriot ao *Le Nouvelliste*, de 14 de setembro de 1933, citada em F. Kupferman, *Au Pays des Soviets*. Paris: Gallimard, "Archives", 1979, p. 90.
22. Ver a campanha contra "*o igualitarismo pequeno-burguês*" no *Pravda*, sobretudo as edições de setembro de 1935 (após o início do movimento stakhanovista).
23. *Russie d'Aujourd'hui*, dezembro de 1935.
24. *Cahiers Léon Trotsky*, número especial, 1979, nº 3, p. 62.
25. *Ibid.*, p. 63
26. *La Lutte ouvrière* [A luta operária] foi um jornal de massas que circulou na França, ao que tudo indica entre 1936 e 1939. (N. do T.)
27. *La Lutte ouvrière*, 20 de outubro de 1936.
28. Sobre a constituição do comitê, ver *Cahiers Léon Trotsky*, op. cit., p. 65.
29. Lista dos membros do comitê em *Cahiers Léon Trotsky*, op. cit., p. 67.
30. L. Sedov. *Livre rouge sur le Procès de Moscou*. Paris: Éd. Populaires, 1936, p. 49 e seguintes.
31. *Ibid.*, p. 59-61.
32. *Ibid.*, p. 22-29.
33. *Ibid.*, p. 101-104.
34. *Ibid.*, p. 45-47.
35. Ver acima, p. 53.
36. Sobre a constituição da Comissão Dewey, ver *Cahiers Léon Trotsky*, op. cit., p. 25 e seguintes.
37. *Cahiers Léon Trotsky*, op. cit., p. 27.
38. *Not Guilty! Rapport de la Commission d'enquête sur les charges contre Léon Trotsky*. Nova York: Harper and Brothers, 1938.
39. *Ibid.* (no anexo, o texto contendo a conclusão da comissão).
40. *L'Humanité*, 28 de agosto de 1936.

41. *Vendredi*, 5 de fevereiro 1937.
42. *Cahiers des droits de l'homme*, 15 de novembro de 1936.
43. *Cahiers Léon Trotsky*, op. cit., p. 71.
44. *Ibid.*, p. 73.
45. *Ibid.*
46. J. Lacouture. *André Malraux, une vie dans le siècle*. Paris: Le Seuil, 1973, p. 21.
47. *Cahiers Léon Trotsky*, op. cit., p. 75.
48. *Vendredi*, 16 de outubro de 1936.
49. *The New Statesman*, 2 de setembro de 1936.
50. J. Davies, *Mission to Moscow*, Nova York, 1940.
51. *The Nation*, 4 de março 1937.
52. F. Kupferman, op. cit., p. 178-182.
53. *Le Figaro*, 20 de agosto de 1936.
54. Seis em 51 na amostragem analisada por A. Cublier em sua tese (não publicada), *Les Procès de Moscou et la presse française*, Fondation nationale des Sciences politiques, 1970, p. 77.
55. *Le Journal*, 27 de janeiro de 1937.
56. *Le Temps*, 26 de janeiro 1937.
57. *Le Journal des Débats*, 27 de agosto de 1936.
58. A Cublier. *Les Procès...*, op. cit., p. 78.
59. *Le Centre*, 30 de janeiro de 1937.
60. *Le Figaro*, 4 de março de 1938; *Le Journal des Débats*, 8 de março de 1938.
61. *Le Centre*, 12 de março de 1938.
62. *Liberté*, 5 de março de 1938.
63. *Le Progrès*, 6 de março de 1938.
64. *L'Aube*, 30 de janeiro de 1937.
65. *Le Temps*, 10 de março de 1938.
66. *Excelsior*, 15 de junho de 1937.
67. *Le Figaro*, 30 de janeiro de 1937.
68. *Le Temps*, 8 de março 1938.
69. *Le Petit Journal*, 29 de janeiro 1937.
70. *Le Dauphiné*, 5 de fevereiro 1937.
71. *La Dépêche*, 4 de fevereiro 1937.
72. *L'Intransigeant*, 20 de janeiro de 1937.
73. *Candide*, 17 de junho de 1937.
74. *L'Époque*, 3 de março de 1938.
75. *L'Écho*, 26 agosto de 1936.

76. *Le Temps*, 29 agosto de 1936.
77. *La République*, 21 de janeiro de 1937.
78. *Le Figaro*, 30 de janeiro de 1937.
79. *Le Temps*, 26 de julho de 1937.
80. *L'Écho de Paris*, 30 de janeiro de 1937.
81. *Le Figaro*, 4 de março de 1938.
82. *L'Émancipation*, 30 de janeiro de 1937.
83. *Septembre*, 18 de junho de 1937.
84. *Le Matin*, 30 de janeiro de 1937.
85. *Le Populaire*, 26 de agosto de 1936.
86. *Le Petit Provençal*, 4 de fevereiro de 1937.
87. *Marianne*, 3 de março de 1937.
88. *Le Populaire*, 2 de março de 1938.
89. *Le Populaire*, 8 de março de 1938.
90. *Le Populaire*, 10 de março de 1938.
91. *Cahiers Léon Trotsky*, op. cit., p. 83.
92. G. Friedman. *De la Sainte Russie à l'*URSS. Gallimard, 1938, p. 231-233.
93. A. Cublier. *Les Procès...*, *op. cit.*, p. 154.
94. *L'Humanité*, 24 de agosto de 1936.
95. À razão de oito colunas por dia, ou seja, oito vezes mais que a imprensa de esquerda não comunista (A. Cublier, *Les Procès...*, *op. cit.*, p. 320).
96. *L'Humanité*, 24 de agosto de 1936.
97. *L'Humanité*, 9 de fevereiro de 1937.
98. *L'Humanité*, 29 de janeiro de 1937.
99. *L'Humanité*, 3 de março de 1938.
100. *Ibid.*
101. *L'Humanité*, 4 de março de 1938; 5 de março de 1938; 7 de março de 1938.
102. M. Willard. *Comment ils ont avoué*. Paris: Bureau d'Éditions, 1938, p. 32.
103. L. Mouchebœuf. *L'Enfer soviétique*. Lyon, 1941.
104. *Le Procès Kravchenko contre* Les Lettres françaises. *Compte rendu des débats d'après la sténographie*. La Jeune Parque, 1949.
105. A. Weissberg. *L'Accusé*. Paris, Fasquelle, 1953.
106. Sobre os acontecimentos que se seguiram à morte de Stalin, ver H. Carrère d'Encausse, *La Deuxième Mort de Staline*. Bruxelas: Complexe, 2006.
107. P. Broué, *Les Procès de Moscou*. Paris: Gallimard, "Archives", 1962, p. 238.
108. B. Lazitch, *Le Rapport Khrouchtchev et son histoire*. Paris: Le Seuil, "Points", 1976.

109. "Rapport secret de N. Khrouchtchev". In: B. Lazitch. *Le rapport...*, op. cit., p. 94.
110. *Voprosy Istorii*, 1956, sobretudo do nº 4 ao nº 8.
111. *Bolshaia Sovietskaia Encyclopedia*, edição de 1961.
112. O XX Congresso do PC da URSS. Texto em francês nos *Cahiers du Communisme*, número especial, novembro de 1961, p. 364.
113. *Ibid.*, p. 430-432.
114. *Ibid.*
115. *Ibid.*
116. P. Ulrich."Rehabilitations after Stalin's death". *Studies on the Soviet Union*, 1963, nº 4.
117. L. Kazakievich. "Le Cahier bleu". *Oktiabr'*, 1961, nº 4.
118. *Voprosy Istorii*, 1963, nº 4.
119. R. Medvedev. *Le Stalinisme*. Paris, Le Seuil, 1972, p. 229-230 (texto em anexo).
120. *Istoria KPSS*, Moscou, 1965, p. 222.
121. *Istoria KPSS*, Moscou, 1978, III, p. 57.
122. *Ibid.*
123. Ver o capítulo intitulado "Essai d'interprétation: le complot dans la pratique politique soviétique".
124. R. Medvedev. *Le Stalinisme*, op. cit., p. 232-233.
125. P. Broué. *Les Procès de Moscou*, op. cit., p. 260.
126. Y. Blanc, D. Kaisergruber. *L'Affaire Boukharine*. Paris, Maspéro, 1979, p. 206-207.

REAÇÕES: DA CREDULIDADE À DESMISTIFICAÇÃO

1. *Pravda*, 12 de agosto de 1936.
2. *Pravda*, 2 de agosto de 1936.
3. *Pravda*, 30 de julho de 1936.
4. *Pravda*, 7 de agosto de 1936.
5. *Pravda*, 14 de agosto de 1936.
6. D.Z. Manuilskii. *Itogi socialisticheskogo stroitel'stva v SSSR*. Moscou, 1935, p. 4.
7. *Histoire du P.C. (b) de l'URSS. Précis de 1938*. Paris: Éd. Git-le-Cœur, 1968, p. 323-324.

8. *Ibid.*, p. 324.
9. M. Heller, A. Nekrich. *L'Utopie au pouvoir. Histoire de l'*URSS *de 1917 à nos jours.* Paris: Calmann-Lévy, 1982, p. 237-238.
10. *Ibid.*, p. 195.
11. M. Fainsod. *Smolensk à l'heure de Staline.* Paris: Fayard, 1967, p. 301.
12. G. Rittersporn. *Conflits sociaux et politiques en* URSS, *1936-1938* (tese inédita, Universidade de Paris-I, 1976), p. 22.
13. Existem inúmeros exemplos dessa tendência na revista soviética *Za Industrializatsiu*, 1932, n⁰ˢ 6, 8, 10; 1933, n⁰ˢ 1, 3 etc.
14. *Za Industrializatsiu*, 1933, n. 3, 5, 7.
15. *Ekonomiceskaia Gazeta*, 18 de junho de 1932.
16. *Za Industrializatsiu*, 24 de maio de 1933.
17. Moshe Lewin. "The Social Background of Stalinism". In: *The Making of the Soviet System.* Londres: Methuen, 1985, p. 267-268.
18. A. Ciliga. *Au pays du grand mensonge.* Paris: Gallimard, 1938, p. 75.
19. *Ibid.*, p. 87.
20. K. Legay. *Un mineur français chez les Russes.* Paris: P. Tisné, 1938, p. 79.
21. Ch. Bettelheim. *Les Luttes de classes en* URSS, *3e période, 1930-41. Les Dominés.* Paris: Maspéro/Seuil, 1982, p. 166.
22. S. Fitzpatrick. *Education and Social Mobility in the Soviet Union, 1921-34.* Cambridge University Press, 1979, p. 241.
23. Segundo um orador do XXVII Congresso do PCUS (janeiro de 1934), entre 30% e 60% dos membros do Partido (segundo as organizações) jamais liam a imprensa do Partido *(XVII S'ezd VKP(b) Stenograficeskii otcet,* Moscou, 1934, p. 284).
24. *XVII S'ezd VKP*(b), p. 285-286.
25. *Ibid.*, p. 33-35.
26. *Pravda*, 21 de abril de 1937.
27. L. Schapiro. *The Communist Party of the Soviet Union.* Nova York, Vintage Books, 1960, p. 294.
28. M. Heller, A. Nekrich. *L'Utopie au pouvoir...*, *op. cit.*, p. 239.
29. M. Lewin. *The Social Background...*, *op. cit.*, p. 233 e seguintes.
30. *Arquivos de Smolensk* WKP 195; WKP 197. Ver G. Rittersporn. "L'État en lutte contre lui-même". *Libre*, 1978, n⁰ 4, p. 6-13.
31. *Pravda*, 17 de dezembro de 1934.
32. *Pravda*, 17 de janeiro de 1935.
33. *Ibid.*

34. *Pravda*, 24 de janeiro de 1935.
35. R. Conquest. *La Grande Terreur*. Paris: Stock, 1968, p. 52.
36. L. Trotsky. *La Bureaucratie stalinienne et l'assassinat de Kirov*. Paris: Librairie du Travail, 1935, p. 38.
37. W. Krivitsky. *I was Stalin's agent*. Nova York, 1939.
38. A. Orlov. *The Secret History of Stalin's Crimes*. Londres, 1954.
39. S. Krasnikov, *S.M. Kirov*, Moscou, 1964
40. A.B. Ulam. *Staline, l'homme et son temps*. Paris: Calmann-Lévy/Gallimard, 1977, p. 450.
41. *Ibid.*, p. 452.
42. M. Malia. *Comprendre la Révolution russe*. Paris: Le Seuil, "Points", 1980, p. 208.
43. J.A. Getty. *Origins of the Great Purges*. Cambridge University Press, 1985, p. 207-210.
44. L. Schapiro. *The Communist Party...*, *op. cit.*, p. 402-403.
45. Texto completo do artigo 58 do Código Penal da RSFSR [República Socialista Federativa Soviética da Rússia] em R. Conquest. *La Grande Terreur*, *op. cit.*, p. 516-519.
46. L'expression est de M. Heller, *op. cit.*, p. 244.
47. R. Conquest, *op. cit.*, p. 94.
48. L. Schapiro, *op. cit.*, p. 404-405.
49. M. Heller, A. Nekrich. *L'Utopie au pouvoir...*, *op. cit.*, p. 246.
50. *Arquivos de Smolensk* WKP 186, p. 98 e seguintes.
51. *XVII S'ezd VKP(b)*, p. 546-548.
52. J.A. Getty. "Party and Purge in Smolensk". *Slavic Review*, vol. 42, nº 1, 1983, p. 65.
53. J.A. Getty. *Origins...*, *op. cit.*, p. 61.
54. *Arquivos de Smolensk* WKP 316.
55. *Arquivos de Smolensk* WKP 384, p. 71-73.
56. *Arquivos de Smolensk* WKP 499, p. 1-3.
57. *Arquivos de Smolensk* WKP 89, p. 35-37; WKP 83, p. 19-25. Cf. N. Werth. *Être communiste en URSS sous Staline*. Paris, Gallimard, "Archives", 1982, p. 190 e seguintes.
58. *Arquivos de Smolensk* WKP 384, p. 188.
59. *Pravda*, 26 de dezembro de 1935.
60. *Partiinoie Stroitel'stvo*, 1936, nº 22, p. 48-52.
61. *Pravda*, 6 de maio de 1935.

62. Ver Bettelheim. *Les Luttes de classes en* URSS..., *op. cit.*, p. 179 e seguintes.
63. *Pravda*, 18 de novembro de 1935.
64. G. Rittersporn. "Héros du travail et commandants de la production". *Recherches*, 1978, nº 32-33, p. 268.
65. *Pravda*, 26 de março de 1936, citado em G. Rittersporn, *Conflits*..., p. 97.
66. *Pravda*, 15 de abril de 1936, citado em G. Rittersporn, *Conflits*..., p. 98.
67. J.A. Getty. "Party...". Art. citado na *Slavic Review*, vol. 42, nº 1, 1983, p. 66.
68. J.A. Getty. *Origins*..., *op. cit.*, p. 206.
69. *Pravda*, 8 de junho de 1936.
70. *Pravda*, 11 de junho de 1936.
71. J.A. Getty. *Origins*..., *op. cit.*, p. 119.
72. *Ibid.*, ver P. Broué. "Trotsky et le Bloc des oppositions de 1932". *Cahiers L. Trotsky*, nº 5, p. 5-37.
73. J.A. Getty. *Origins*..., *op. cit.*, p. 119-120.
74. R. Conquest. *La Grande Terreur*, *op. cit.*, p. 102.
75. *Ibid.*, p. 106.
76. *Arquivos de Smolensk* WKP 499, p. 322-328.
77. V. Kravchenko. *J'ai choisi la liberté*. Paris, Fayard, 1947, p. 282.
78. *Arquivos de Smolensk* RS 921, p. 271-277.
79. *Pravda*, 6 de agosto de 1936. Sobre a interpretação da carta de 29 de julho de 1936, ver G. Rittersporn. *Soviet Politics in the 1930's. Rehabilitating Society* (Comunicação apresentada no "Third World Congress for Soviet and East European Studies", Washington DC, 31 de outubro de 1985).
80. *Arquivos de Smolensk* WKP 319, p. 40-42.
81. *Arquivos de Smolensk* WKP 99, p. 106-108; WKP 239, p. 195-214.
82. XXII Congresso do PC da URSS, *op. cit.*, p. 234 e seguintes (em especial a intervenção de Serdiuk).
83. A. Kriegel. *Les Grands Procès dans les systèmes communistes*. Paris: Gallimard, "Idées", 1972, p. 158.
84. *Pravda*, 22 de agosto de 1936.
85. F. Beck, W. Godin. *Russian Purge and the Extraction of Confession*. Nova York: Viking, 1951, p. 228.
86. *Pravda*, 10 de outubro de 1936.
87. P. Broué. *Le Parti bolchevique*. Paris: Éd. de Minuit, 1963, p. 154.
88. *Le Temps*, 4 de fevereiro de 1937.
89. R. Conquest, *op. cit.*, p. 159.

90. *Pravda* dos dias 6, 9, 14, 19, 24 de setembro, edições citadas em G. Rittersporn, *Conflits...*, *op. cit.*, p. 118-120.
91. R. Conquest. *La Grande Terreur*, *op. cit.*, p. 155-156.
92. G.K. Ordjonikidzé *Stat'i reci*, Moscou, 1957.
93. S. Fitzpatrick. "Stalin and the making of a new elite". *Slavic Review*, 1977, nº 3, p. 393.
94. *Arquivos de Smolensk* WKP 109, p. 75.
95. R. Conquest. *La Grande Terreur*, *op. cit.*, p. 182-186.
96. *Pravda*, 30 de maio de 1930.
97. Entre os escritores mais célebres presos nesse período, podemos citar I. Babel, B. Pilniak, I. Olecha, M. Bulgakov, O. Mandelstam. Ver R. Conquest. *La Grande Terreur*, *op. cit.*, p. 303-312.
98. J.A. Getty. *Origins...*, *op. cit.*, p. 158-159.
99. *Arquivos de Smolensk* WKP, p. 103, 136.
100. *Arquivos de Smolensk* WKP 238, p. 1-10.
101. G. Rittersporn, *Libre*, 1979, nº 6, p. 147, 162-163.
102. *Pravda*, 26 de junho de 1937.
103. *Pravda*, 19 de janeiro de 1938.
104. G. Rittersporn. *Conflits...*, *op. cit.*, p. 314-315.
105. *Pravda*, 4 de fevereiro de 1938.

ENSAIO DE INTERPRETAÇÃO: O COMPLÔ NA PRÁTICA POLÍTICA SOVIÉTICA

1. F. Adler. *Le Procès de Moscou, un procès en sorcellerie*. Paris: Nouveau Prométhée, 1936, p. 9.
2. L. Trotsky, *Les Crimes de Staline*, p. 266, citado por P. Broué. *Les Procès de Moscou*. Paris: Gallimard, "Archives", 1962, p. 276.
3. *Ibid.*
4. W. Krivitsky. *I was Stalin's agent*. Nova York, 1939, p. 229.
5. B. Souvarine. *Aveux à Moscou*. Paris, 1937, p. 10.
6. Trata-se de expressão latina que significa "obediência irrestrita". (N. do T.)
7. B. Souvarine. *Le Figaro littéraire*, 6 de fevereiro de 1937, citado por A. Kriegel. *Les Grands Procès dans les systèmes communistes*. Gallimard, "Idées", 1972, p. 98.
8. M. Merleau-Ponty. *Humanisme et Terreur*. Paris, 1947, p 71.

9. O primeiro processo é inaugurado em 19 de agosto de 1936: Kamenev "*capitulou*" em 13 de julho, Smirnov, em 5 de agosto, Evdokimov, em 10 de agosto, Ter-Vaganian apenas em 14 de agosto. Ver R. Conquest, *La Grande Terreur*, op. cit., p. 106.
10. A. Weissberg. *L'Accusé*. Paris: Fasquelle, 1953, p. 245 e seguintes.
11. A Kriegel. *Les Grands Procès...*, op. cit., p 75.
12. L. Sedov. *Livre rouge sur le procès de Moscou*. Paris: Éd Populaires, 1936, p. 49-55.
13. B. Nikolaevsky. *Power and the Soviet Elite*. Nova York, 1965, p. 65.
14. "Rapport secret de N. Khrouchtchev" (texto in B. Lazitch, *Le Rapport Khrouchtchev...*, op. cit., p. 79).
15. A. Kriegel, op. cit., p. 109.
16. *Ibid.*, p. 103.
17. *Le Matin*, 3 de março de 1938, citado por A. Kriegel. *Les Grands Procès...*, op. cit., p. 110-111.
18. R. Conquest. *La Grande Terreur*, op. cit., p. 142-145.
19. A. Kriegel. *Les Grands Procès...*, op. cit., p. 117.
20. N. Leites, E. Bernaut. *Ritual of Liquidation*. Glencoe, III, 1954.
21. Ver abaixo.
22. *O Processo do Centro Antissoviético Trotskista*, p. 198-199.
23. *Ibid.*, p 174.
24. *Ibid.*, p. 82.
25. *O Processo do Bloco dos direitistas e trotskistas antissoviéticos*, p. 610.
26. Lydia Chukovskaia. *La Maison déserte*. Paris: Calmann-Lévy, 1975, p. 61-63.
27. L'expression est de N. Leites, E. Bernaut. *Ritual of Liquidation*, op. cit.
28. Ver M. Lewin. *The Making of the Soviet System*, op. cit., p. 57-71.
29. *Ibid.*, p. 276.
30. Citado em R. Medvedev, *Le Stalinisme*, op. cit., p. 424.
31. E. Guinzbourg, op. cit., p. 29
32. L. Tchoukovskaia, op. cit., p. 132.
33. XXII Congresso do PC da URSS. Registro estenográfico, op. cit., p. 228.
34. I. Ehrenbourg. *Memoirs, 1921-41*. Cleveland, 1963, p. 426-427.
35. L. Tchoukovskaia. *Entretiens avec Anna Akhmatova*. Paris: Albin Michel, 1980; N. Mandelstam, *Contre tout espoir* (3 vol.). Paris: Gallimard, 1970 a 1975.

INTERROGAÇÕES: AS CONFISSÕES, "O ESPÍRITO PÚBLICO" E OS PROCESSOS

1. Essas cartas, traduzidas e comentadas por N. Werth, foram publicadas em *Communisme*, 2000, nº 61, p. 7-42. A última carta de Bukharin a Stalin (10 de dezembro de 1937), traduzida e comentada por Nicolas Werth, foi publicada em *Le Débat*, nº 107, novembro-dezembro de 1999, p. 155-161. Elas se encontram reproduzidas nos anexos do presente volume, p. 191 e seguintes.
2. Esses registros estenográficos encontram-se nos Arquivos de Estado da Rússia em História Política e Social (RGASPI), acervo 17, inventário 2, dossiês 575 e 577.
3. Essa correspondência encontra-se nos Arquivos de Estado da Rússia em História Política e Social (RGASPI), acervo 558, inventário 11, dossiê 93. Uma seleção desses documentos, recentemente tornados públicos, foi traduzida e comentada por P. Chinsky. *Stalin. Archives inédites, 1926-1936*. Paris: Berg International, 2001.
4. A. Kriegel. *Les Grands Procès dans les systèmes communistes*. Paris: Gallimard, 1972, p. 90.
5. *Ibid.*, p. 94.
6. Carta de Bukharin a Stalin de 10 de dezembro de 1937. (*Communisme*, 2000, nº 61, p. 32-36).
7. Carta de Bukharin a Vorochilov, 3 de setembro de 1936 (*ibid.*, p. 22).
8. Rascunho de carta de Bukharin a Stalin, 16 de janeiro de 1937 (*ibid.*, p. 27-31).
9. Carta de Bukharin a Stalin, 10 de dezembro de 1937.
10. Além das análises de Annie Kriegel sobre esses aspectos (*op. cit.*, p. 88-117), podem ser citados alguns estudos sobre a questão dos rituais da autobiografia, dos expurgos e da autocrítica: N. Werth. *Être communiste en URSS sous Staline* (Paris: Gallimard, 1981); C. Lane. *The Rites of Rulers: Ritual in Industrial Society: The Soviet Case* (Cambridge U.P., 1981); K.-G. Riegel. *Konfessionsrituale im Marxismus-Leninismus* (Graz, 1985); B. Unfried, "Rituale von Konfession und Selbstkritik: Bilder vom stalinistischen Kader". *Jahrbuch für historische Kommunismusforschung*, 1994, p. 148-168; C. Pennetier, B. Pudal, "Écrire son autobiographie, les autobiographies communistes d'institution,

1931-1939". *Genèses*, nº 23, junho de 1996, p. 48-78; J.A. Getty. "Samokritika Rituals in the Stalinist Central Committee, 1933-1938". *The Russian Review*, nº 58, janeiro de 1999, p. 49-70.

11. RGASPI, 17/ 2/ 511; 17/ 2/ 575; 17/ 2/ 577. Grande parte dos estenogramas da Plenária do Comitê Central de fevereiro-março de 1937, reunião crucial para a evolução da política interior soviética às vésperas do "Grande Terror", foi publicada em *Voprosy Istorii*, 1992 (nºs 2-12) e 1993 (nºs 2-10).
12. Ver, em particular, RGASPI, 17/ 2/ 575, 69-74; *ibid.*, p. 82-86; *ibid.*, p. 122-126.
13. RGASPI, 17/ 2/ 575/ 126. J. Arch Getty, artigo citado, p. 60.
14. RGASPI, 558/ 11/ 93.
15. Ver o telegrama de Stalin de 18 de agosto de 1936 (RGASPI, 558/ 11/ 93/ 20), em resposta às proposições de Yezhov e Kaganovich (558/ 11/ 93/ 21).
16. *Ibid.*
17. Publicados em 21 de agosto no *Pravda* e no *Izvestia*, os títulos desses artigos falam por si: "Que não haja nenhuma piedade!" (C. Rakovski); "Aniquilar sem piedade os miseráveis assassinos!" (Y.L. Piatakov); "O bando trotskista-zinovievista e seu capanga Trótski" (K.B. Radek). Sobre o tema desses artigos, Stalin escreve a Kaganovich em 23 de agosto: "Os artigos de Rakovski, Radek e Piatakov são sensacionais [...]. Os correspondentes estrangeiros se calam sobre esses artigos tão importantes. É indispensável reproduzi-los nos jornais da Noruega, Suécia, França, Estados Unidos, e não apenas nos jornais comunistas. Sua importância consiste, entre outros aspectos, no fato de privarem nossos inimigos da possibilidade de apresentar o processo judiciário como encenação e ajuste de contas fracionado do Comitê Central com a fração de Zinoviev-Trótski [...]." RGASPI, 558/ 11/ 558/ 77-78 (citado em Pavel Chinsky, *Staline...*, *op. cit.*, p. 116).
18. Telegrama de 22 de agosto de 1936, assinado por Kaganovich, Ordjonikidze, Vorochilov, Chubar, Yezhov (RGASPI, 558/ 11/ 93/ 65).
19. RGASPI, 558/ 11/ 93/ 62-63, citado em P. Chinsky. *Staline...*, *op. cit.*, p. 115.
20. RGASPI, 558/ 11/ 94/ 32-39, citado em P. Chinsky. *Staline...*, *op. cit.*, p. 121-122.
21. Esses processos foram totalmente ignorados até a publicação de um artigo, em 1993, da grande historiadora do stalinismo e líder da escola revisionista americana Sheila Fitzpatrick. "How the Mice Buried the Cat: Scenes from the Great Purges in the Russian Provinces", *The Russian Review*, vol. 52 (3), 1993, p. 299-320. Para uma interpretação recente já de outro caráter, trazendo uma reavaliação desses processos, permito-me remeter o leitor a meu artigo, "Les petits procès exemplaires en URSS durant le Grande

Terreur, 1937-1938", *Vingtième Siècle. Revue d'Histoire*, nº 86, abril-junho de 2005, p. 5-24.
22. RGANI (Arquivos de Estado da Rússia em História Contemporânea), 89/ 48/ 12/ 1-2.
23. RGANI, 89/ 48/ 12/ 8-10.
24. Locução em latim, que significa, literalmente, "com mão militar". (N. do T.)
25. Sobre as diferentes dimensões do populismo stalinista, ver N. Werth, "L'appel au petit peuple selon Stalin", *Vingtième Siècle. Revue d'Histoire*, 1997, nº 56, p. 121-132.
26. O episódio de Kady é relatado por A. Soljenitysine em *L'Archipel du Goulag*. Paris: YMCA, 1973, p. 401e seguintes.
27. Ver *Krestianskaia Pravda* (Leningrado), 26 e 27 de agosto, 2 a 4 e 20 de setembro de 1937; *Kourskaia Pravda* (Kursk), 23 a 26 de agosto, 2 a 4 de setembro, 10 e 14 de outubro de 1937; *Rabotchii Pout'* (Smolensk), 29 de agosto, 6 a 8, 20 a 24, 25 a 27 de setembro, 27 de outubro, 17 a 18 de novembro de 1937, artigos citados em Sheila Fitzpatrick, artigo citado.
28. Citado em Sheila Fitzpatrick, artigo citado, p. 316.
29. N. Werth, G. Moullec. *Rapports secrets soviétiques. La société russe dans les documents confidentiels, 1921-1991*. Paris: Gallimard, 1995, p. 90-91; Sarah Davies. *Popular Opinion in Stalin's Russia. Terror, Propaganda and Dissent, 1934-1941*. Cambridge: Cambridge U.P., 1997, p. 124-133.
30. Sheila Fitzpatrick, artigo citado, p. 315-320.
31. De fato, houve alguns processos em 1938, mas numa escala infinitamente menos importante. Ver N. Werth. "Les petits procès exemplaires...", artigo citado.
32. S. Cohen. *Nikolaï Boukharine. La Vie d'un bolchevik*. Paris: Maspéro, 1979, p. 452-453.
33. Que se inscreve numa série, infelizmente incompleta, de cartas de Bukharin a datar, basicamente, da segunda metade de 1936, publicadas de modo parcial na revista *Istocnik*, 1993, nº 2, p. 4-18 e no segundo volume da *Sovetskoie Rukovodstvo. Perepiska, 1928-1939* (Correspondência dos dirigentes soviéticos, 1928-1939), editado sob a coordenação de O. Khlevniouk e A. Kvachonkine (Moscou, Rosspen, 1999).
34. "Ele vai nos devorar a todos", texto do encontro entre F. Dan e N.I. Bukharin, Arquivos F. Dan, Instituto de História Social, Amsterdã, em *Osmyslit'Kult Stalina* (Compreender o culto a Stalin). Moscou: Ed. Progress, 1989, p. 610.

35. Arquivos presidenciais da Federação da Rússia, acervo 3, inventário 24, dossiê 427, f. 13-18. Texto publicado em *Istocnik*, nº 0 (1993), p. 23-25.
36. Realce feito pelo próprio autor da carta.
37. A referência é à Plenária do Comitê Central que se realizou de 23 de fevereiro a 5 de março de 1937, durante a qual Bukharin e Rykov foram submetidos a medidas privativas de liberdade.

ASSINE NOSSA NEWSLETTER E RECEBA INFORMAÇÕES DE TODOS OS LANÇAMENTOS

www.faroeditorial.com.br

CAMPANHA

Há um grande número de pessoas vivendo com HIV e hepatites virais que não se trata. Gratuito e sigiloso, fazer o teste de HIV e hepatite é mais rápido do que ler um livro.

FAÇA O TESTE. NÃO FIQUE NA DÚVIDA!

ESTA OBRA FOI IMPRESSA EM MAIO DE 2024